옥효진 선생님의 수학이 쉬워지는 학습도구어

글 **옥효진** 그림 **이상일**

수학
학습도구어
40개

아울북

머리말

여러분은 공부를 좋아하나요?

“좋아해요!”라고 자신 있게 말할 친구도 있겠지만 아마도 많은 친구들이 “공부가 싫어요”, “공부는 재미없어요”, “공부는 힘들어요”라고 말할지도 몰라요.

맞아요. 공부는 어렵고 머리 아프며 하기 싫을 때도 많아요. 사실 선생님도 어릴 적에는 그랬답니다. 그런데 그렇게 하기 싫은 공부임에도 불구하고 여러분은 한 가지 중요한 사실을 알고 있어요. 바로 ‘하기 싫어도 공부는 해야 한다’라는 사실이에요. 많은 친구들이 속으로 이렇게 생각하고 있을 거예요.

“나도 공부를 잘하고 싶어.”

선생님도 그 마음을 누구보다 잘 알고 있어요. 그래서 하기 싫어도 열심히 해 보려는 여러분이 얼마나 기특하고 멋진지 모른답니다. 그런 여러분을 위해 이 책을 만들었어요. 공부가 조금이라도 더 쉬워질 수 있도록 여러분의 학습을 도와줄 든든한 친구를 소개하고 싶었거든요. 그 친구가 바로 〈과목별 학습도구어〉예요.

‘학습도구어’란 공부할 때 꼭 필요한 도구가 돼 주는 단어들을 말해요. 요리를 할 때 칼이나 도마 같은 요리 도구가 필요하고 고장 난 물건을 고칠 때 망치나 드라이버 같은 도구가 필요한 것처럼 공부할 때도 도구가 돼 주는 단어들이 있어요. 그런 단어들을 바로 학습도구어, 즉 ‘공부의 도구가 되는 단어’라고 불러요. 요리 도구가 많을수록 요리가 쉬워지듯이 여러분이 학습도구어를 많이 알고 있으면 공부도 훨씬 더 쉬워질 거예요.

그런데 여러분, 학교에서 자주 마주치지만 아직 친하다고 할 수 없는 친구가 있지는 않나요? 인사도 하고 이름도 알지만 무엇을 좋아하는지, 어떤 말을 자주 하는지는 잘 모르는 그런 친구요. 선생님은 여러분에게 학습도구어도 그런 친구일지 모른다는 생각이 들어요.

교과서나 시험 문제에 자주 나오지만 막상 뜻이 정확히 기억나지 않거나 어떻게 써야 할지 떠오르지 않는 말들이 있어요. 자주 봐서 친한 줄 알았지만 알고 보면 아직 낯선 학습도구어들이죠. 이제는 그런 단어들과 진짜 친구가 돼 보는 건 어떨까요? 왜냐하면 학습도구어는 여러분이 공부할 때마다 꼭 나타날 테니까요.

이 책은 여러분이 학습도구어와 진짜로 친해질 수 있도록 도와주는 책이에요. 그동안 스쳐 지나가기만 했던 학습도구어들이 어떤 뜻을 가지고 있고 어떤 상황에서 쓰이는지를 하나하나 살펴보면서 공부를 도와주는 든든한 친구로 만들어 보세요.

이 책을 다 읽고 난 뒤에는 여러분이 더 이상 맨손으로 공부에 맞서지 않게 되기를 바라요. 공부에 꼭 필요한 도구들을 든든히 챙긴 여러분의 공부가 더 힘차고 더 즐겁게 나아가길 응원합니다.

옥효진 선생님

이 책의 구성

핵심 학습도구어를 중심으로
어휘 관계망을 확장해요.

학습도구어가 어떻게 구성됐는지
알아보고 뜻을 조금 더 자세히 배워 봐요.

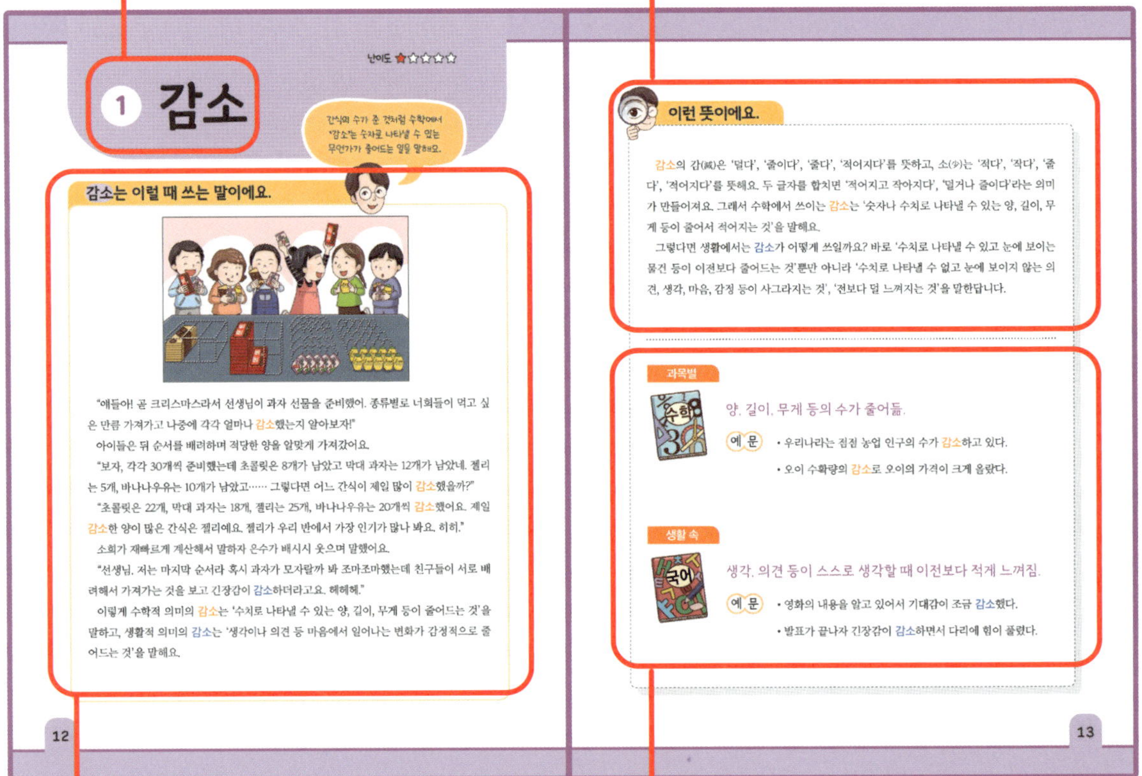

난이도 ★☆☆☆☆

1 감소

간식의 수가 준 것처럼 수학에서 '감소'는 숫자로 나타낼 수 있는 무언가가 줄어드는 일을 말해요.

감소는 이럴 때 쓰는 말이에요.

"애들아! 곧 크리스마스라서 선생님이 과자 선물을 준비했어. 종류별로 너희들이 먹고 싶은 만큼 가져가고 나중에 각각 얼마나 감소했는지 알아보자!"

아이들은 뒤 순서를 배려하며 적당한 양을 알맞게 가져갔어요.

"보자, 각각 30개씩 준비했는데 초콜릿은 8개가 남았고 막대 과자는 12개가 남았네. 젤리는 5개, 바나나우유는 10개가 남았고…… 그렇다면 어느 간식이 제일 많이 감소했을까?"

"초콜릿은 22개, 막대 과자는 18개, 젤리는 25개, 바나나우유는 20개씩 감소했어요. 제일 감소한 양이 많은 간식은 젤리예요. 젤리가 우리 반에서 가장 인기가 많나 봐요. 히히."

소희가 재빠르게 계산해서 말하자 은수가 배시시 웃으며 말했어요.

"선생님, 저는 마지막 순서라 혹시 과자가 모자랄까 봐 조마조마했는데 친구들이 서로 배려해서 가져가는 것을 보고 긴장감이 감소하더라고요. 헤헤헤."

이렇게 수학적 의미의 감소는 '수치로 나타낼 수 있는 양, 길이, 무게 등이 줄어드는 것'을 말하고, 생활적 의미의 감소는 '생각이나 의견 등 마음에서 일어나는 변화가 감정적으로 줄어드는 것'을 말해요.

12

이런 뜻이에요.

감소의 감(減)은 '덜다', '줄이다', '줄다', '적어지다'를 뜻하고, 소(少)는 '적다', '작다', '줄다', '적어지다'를 뜻해요. 두 글자를 합치면 '적어지고 작아지다', '덜거나 줄이다'라는 의미가 만들어져요. 그래서 수학에서 쓰이는 감소는 '숫자나 수치로 나타낼 수 있는 양, 길이, 무게 등이 줄어서 적어지는 것'을 말해요.

그렇다면 생활에서는 감소가 어떻게 쓰일까요? 바로 '수치로 나타낼 수 있고 눈에 보이는 물건 등이 이전보다 줄어드는 것'뿐만 아니라 '수치로 나타낼 수 없고 눈에 보이지 않는 의견, 생각, 마음, 감정 등이 사그라지는 것', '전보다 덜 느껴지는 것'을 말한답니다.

과목별

수학

양, 길이, 무게 등의 수가 줄어듦.

예문
- 우리나라는 점점 농업 인구의 수가 감소하고 있다.
- 오이 수확량의 감소로 오이의 가격이 크게 올랐다.

생활 속

국어

생각, 의견 등이 스스로 생각할 때 이전보다 적게 느껴짐.

예문
- 영화의 내용을 알고 있어서 기대감이 조금 감소했다.
- 발표가 끝나자 긴장감이 감소하면서 다리에 힘이 풀렸다.

13

만화와 이야기를 통해 학습도구어의
다양한 의미를 알아봐요.

학습도구어가 과목과 생활 속에서
어떻게 다르게 쓰이는지 알아보고
예문을 함께 만나 봐요.

학습도구어가 들어간 **꼬꼬무 어휘 개념**을 보고 과목 어휘력을 길러요.

학습도구어와 뜻이 비슷한 단어를 알아보고 **어휘력**을 확장해요.

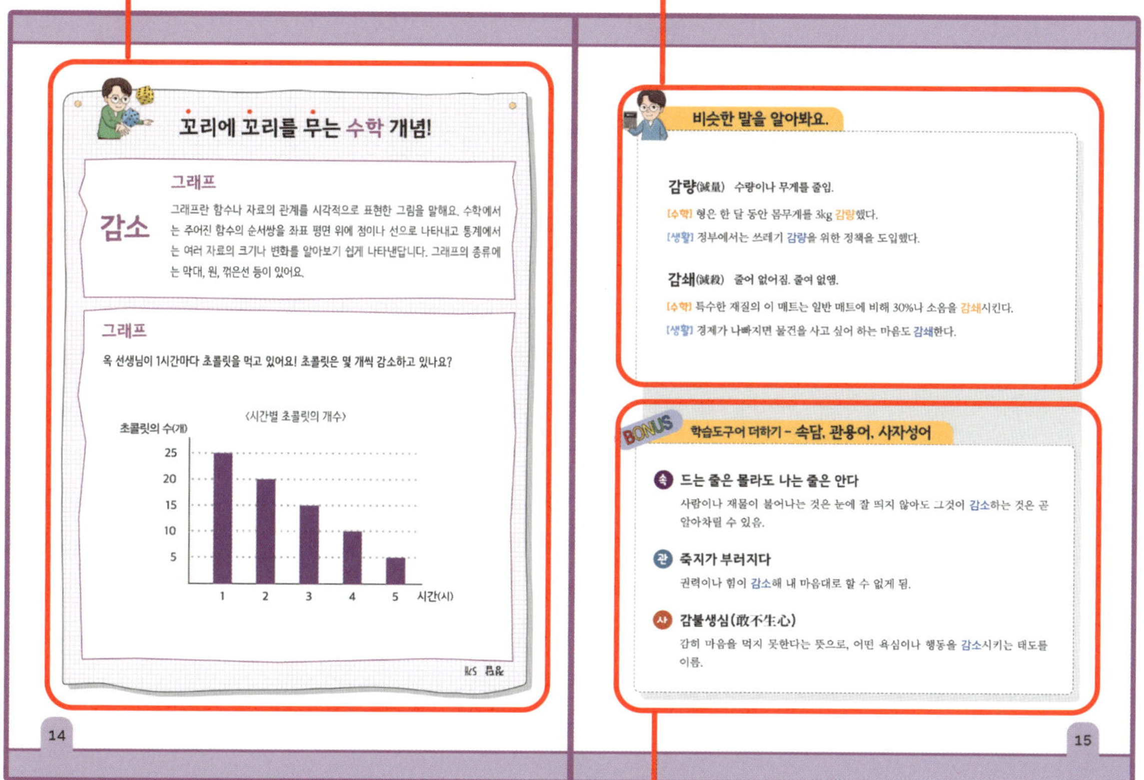

학습도구어가 들어간 **속담, 관용어, 사자성어**를 알아보고 문해력과 상식까지 길러요.

목차

1장
ㄱ~ㄷ으로 시작하는 학습도구어

2장
ㅁ~ㅅ으로 시작하는 학습도구어

3장
ㅇ~ㅈ으로 시작하는 학습도구어

4장
ㅊ~ㅎ으로 시작하는 학습도구어

떡볶이 떡
설탕

? $\frac{1}{2}+\frac{1}{3}$? $\frac{3}{6}$?

1→4 2→8 3→12 4→16
10 → ?

1장

ㄱ~ㄷ으로 시작하는 학습도구어

감소 | 계량 | 계산 | 공식 | 공통

다각 | 단면 | 단위 | 대응 | 대칭

등분 | 등식

난이도 ★☆☆☆☆

1 감소

간식의 수가 준 것처럼 수학에서 '감소'는 숫자로 나타낼 수 있는 무언가가 줄어드는 일을 말해요.

감소는 이럴 때 쓰는 말이에요.

"얘들아! 곧 크리스마스라서 선생님이 과자 선물을 준비했어. 종류별로 너희들이 먹고 싶은 만큼 가져가고 나중에 각각 얼마나 감소했는지 알아보자!"

아이들은 뒤 순서를 배려하며 적당한 양을 알맞게 가져갔어요.

"보자, 각각 30개씩 준비했는데 초콜릿은 8개가 남았고 막대 과자는 12개가 남았네. 젤리는 5개, 바나나우유는 10개가 남았고…… 그렇다면 어느 간식이 제일 많이 감소했을까?"

"초콜릿은 22개, 막대 과자는 18개, 젤리는 25개, 바나나우유는 20개씩 감소했어요. 제일 감소한 양이 많은 간식은 젤리예요. 젤리가 우리 반에서 가장 인기가 많나 봐요. 히히."

소희가 재빠르게 계산해서 말하자 은수가 배시시 웃으며 말했어요.

"선생님. 저는 마지막 순서라 혹시 과자가 모자랄까 봐 조마조마했는데 친구들이 서로 배려해서 가져가는 것을 보고 긴장감이 감소하더라고요. 헤헤헤."

이렇게 수학적 의미의 감소는 '수치로 나타낼 수 있는 양, 길이, 무게 등이 줄어드는 것'을 말하고, 생활적 의미의 감소는 '생각이나 의견 등 마음에서 일어나는 변화가 감정적으로 줄어드는 것'을 말해요.

이런 뜻이에요.

감소의 감(減)은 '덜다', '줄이다', '줄다', '적어지다'를 뜻하고, 소(少)는 '적다', '작다', '줄다', '적어지다'를 뜻해요. 두 글자를 합치면 '적어지고 작아지다', '덜거나 줄이다'라는 의미가 만들어져요. 그래서 수학에서 쓰이는 감소는 '숫자나 수치로 나타낼 수 있는 양, 길이, 무게 등이 줄어서 적어지는 것'을 말해요.

그렇다면 생활에서는 감소가 어떻게 쓰일까요? 바로 '수치로 나타낼 수 있고 눈에 보이는 물건 등이 이전보다 줄어드는 것'뿐만 아니라 '수치로 나타낼 수 없고 눈에 보이지 않는 의견, 생각, 마음, 감정 등이 사그라지는 것', '전보다 덜 느껴지는 것'을 말한답니다.

과목별

양, 길이, 무게 등의 수가 줄어듦.

예문
- 우리나라는 점점 농업 인구의 수가 감소하고 있다.
- 오이 수확량의 감소로 오이의 가격이 크게 올랐다.

생활 속

생각, 의견 등이 스스로 생각할 때 이전보다 적게 느껴짐.

예문
- 영화의 내용을 알고 있어서 기대감이 조금 감소했다.
- 발표가 끝나자 긴장감이 감소하면서 다리에 힘이 풀렸다.

꼬리에 꼬리를 무는 수학 개념!

감소

그래프

그래프란 함수나 자료의 관계를 시각적으로 표현한 그림을 말해요. 수학에서는 주어진 함수의 순서쌍을 좌표 평면 위에 점이나 선으로 나타내고 통계에서는 여러 자료의 크기나 변화를 알아보기 쉽게 나타낸답니다. 그래프의 종류에는 막대, 원, 꺾은선 등이 있어요.

그래프

옥 선생님이 1시간마다 초콜릿을 먹고 있어요! 초콜릿은 몇 개씩 감소하고 있나요?

<시간별 초콜릿의 개수>

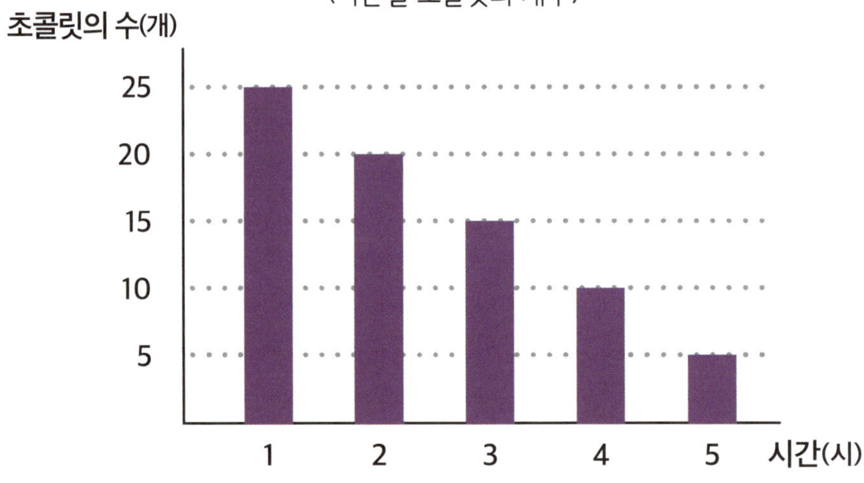

정답 5개

비슷한 말을 알아봐요.

감량(減量) 수량이나 무게를 줄임.

[수학] 형은 한 달 동안 몸무게를 3kg 감량했다.

[생활] 정부에서는 쓰레기 감량을 위한 정책을 도입했다.

감쇄(減殺) 줄어 없어짐. 줄여 없앰.

[수학] 특수한 재질의 이 매트는 일반 매트에 비해 30%나 소음을 감쇄시킨다.

[생활] 경제가 나빠지면 물건을 사고 싶어 하는 마음도 감쇄한다.

BONUS 학습도구어 더하기 - 속담, 관용어, 사자성어

속 드는 줄은 몰라도 나는 줄은 안다

사람이나 재물이 불어나는 것은 눈에 잘 띄지 않아도 그것이 감소하는 것은 곧 알아차릴 수 있음.

관 죽지가 부러지다

권력이나 힘이 감소해 내 마음대로 할 수 없게 됨.

사 감불생심(敢不生心)

감히 마음을 먹지 못한다는 뜻으로, 어떤 욕심이나 행동을 감소시키는 태도를 이름.

난이도 ★★☆☆☆

2 계량

재료의 무게를 정확하게 재는 것처럼 수학에서 '계량'은 부피나 무게 등을 재어서 수치로 나타내는 일을 말해요.

계량은 이럴 때 쓰는 말이에요.

오늘은 요리 시간이에요. 옥 선생님과 아이들은 모두 앞치마와 위생 모자를 착용했어요.

"짜잔! 요리사 옥 선생님, 등장! 오늘의 요리는 최고 인기 간식인 떡볶이입니다! 재료들을 정확하게 계량해서 넣어야 하니까 선생님의 설명을 잘 듣고 따라야 해. 우선 물 300ml를 계량컵으로 계량해서 냄비에 넣고 고추장은 저울로 40g을 계량해서 넣어. 고춧가루도 똑같이 40g 넣어야 해. 그러면 고추장과 고춧가루는 총 몇 g이나 계량돼 들어간 걸까?"

"80g이에요!"

"맞아. 다음은 간장 1숟가락, 설탕 3숟가락을 계량해서 넣으렴. 1숟가락은 20g이니까 저울에 계량해서 잘 계산하고 넣도록 해. 마지막으로 떡을 넣고 보글보글 끓이면 된단다."

떡볶이가 완성되고 아이들이 맛을 보는 순간 여기저기서 감탄하는 소리가 튀어나왔어요.

"와! 오늘 요리는 성공이에요. 정말 이 맛은 계량할 수 없다니까요. 선생님! 이제 요리 프로그램에 나가셔야 하는 거 아니에요? 히히히."

이렇게 수학적 의미의 계량은 '양, 무게 등을 계산하거나 재는 것'을 말하고, 생활적 의미의 계량은 '일어난 일이나 생각, 의견, 현상 등을 헤아려 보는 것'을 말해요.

이런 뜻이에요.

계량의 계(計)는 '수를 세다', '셈하다', '계산하다'를 뜻하고, 량(量)은 '양', '무게를 달다', '길이를 재다'를 뜻해요. 두 글자를 합치면 '양을 재거나 길이를 재다', '무게를 단 것을 숫자로 세다'라는 의미가 만들어져요. 그래서 수학에서 쓰이는 계량은 '부피, 무게 등을 재어서 수치로 나타내는 것', '양, 길이, 무게 등을 계산하는 것'을 말한답니다.

또한 계(計)의 '세다', '셈하다'라는 뜻과 량(量)의 '분량', '재다'라는 뜻을 합치면 '분량을 세고 재다'라는 의미가 만들어지지요? 하지만 수학의 계량과 다르게 생활에서 쓰이는 계량은 '굳이 수치로 나타내지 않아도 되는 것의 규모나 크기를 재는 것'을 말해요. 즉 '일어난 일이나 생각, 의견, 현상처럼 셀 수 없는 것의 수량을 헤아리거나 규모를 재는 것'을 뜻한답니다.

과목별

양, 무게 등을 계산하거나 잼.

예문

- 라면 1개를 끓이려면 500ml 물이 필요해서 100ml 컵으로 계량한 물을 다섯 번 냄비에 넣었다.
- 미세 저울로 계량해 액체 속에 약품을 0.01g만큼 넣었다.

생활 속

일어난 일이나 현상 등의 크기를 잼.

예문

- 폭설로 인한 피해는 계량할 수 없을 정도였다.
- 단풍이 짙은 산의 아름다움은 계량할 수 없을 만큼 근사했다.

꼬리에 꼬리를 무는 수학 개념!

계량

도량형

도량형이란 길이, 부피, 무게 따위의 양을 계량하는 데 사용하는 단위와 관련된 체계를 말해요. 국가마다 서로 같은 도량형을 사용한다면 물건을 사고팔 때도 분쟁을 막을 수 있고 물건의 특성을 설명할 때도 이해하기 쉽답니다.

우리나라의 표준 도량형

우리나라에서 쓰는 표준 도량형을 알아볼까요?

물리량	단위 이름	기호
길이	미터(meter)	m
질량	킬로그램(kilogram)	kg
시간	초(second)	s
주파수	헤르츠(hertz)	Hz
온도	켈빈(kelvin)	K

물리량	단위 이름	기호
압력	파스칼(pascal)	Pa
전류	암페어(ampere)	A
전기 저항	옴(ohm)	Ω
물질량	몰(mole)	mol
광도	칸델라(candela)	cd

비슷한 말을 알아봐요.

계산(計算) 주어진 수나 식을 일정한 규칙에 따라 처리해 수치를 구함.
어떤 일을 예상하거나 헤아림.

[수학] 5분 동안 1L씩 나오는 수돗물을 5L의 통에 채우는 것을 곱셈식으로 계산해 보면 5(L)×5(분)이므로 25분이 나온다.

[생활] 부모님께서 집에 도착하실 시간을 계산에 넣고 청소를 시작했다.

계측(計測) 무게나 길이, 부피, 속도, 압력, 온도 등을 재어 계산하고 측정함.
시간이나 물건의 양 등을 헤아리거나 잼.

[수학] 가방이 너무 무거워서 저울에 계측해 보니 10kg이나 됐다.

[생활] 이 감지기는 사람의 움직임을 계측해 전등불을 킨다.

BONUS

학습도구어 더하기 - 속담, 관용어, 사자성어

속 이 장떡이 큰가 저 장떡이 큰가

어느 쪽이 더 이익이 많을까 하고 이리저리 계량하며 따지느라 망설임.

관 앞뒤를 재다[가리다/헤아리다]

어떤 일을 할 때 자신의 이해나 득실을 이것저것 계량하며 신중하게 따짐.

사 백중지세(伯仲之勢)

계량한 것처럼 서로 비슷해 우열을 가리기 어려움.

난이도 ★☆☆☆☆

3 계산

496+325=821인 것처럼
수학에서 '계산'은 연산 법칙을 이용해
답을 구하는 일을 말해요.

계산은 이럴 때 쓰는 말이에요.

"선생님, 저는 자꾸 세 자리 수 더하기 세 자리 수 계산 문제를 틀려요. 너무 어려워요."

"세 자리 수 더하기 세 자리 수의 계산 문제는 세로 셈으로 계산하는 것이 이해하기 쉽단다. 각 자리의 숫자를 세로로 맞춰 적은 후 일의 자리, 십의 자리, 백의 자리 순서로 계산하는 것도 주의하렴. 특히 받아 올림이 있는 경우는 받아 올림 수를 깜박하기도 해. 지호도 여기서 틀렸구나? 받아 올림 수를 계산에 넣지 않았네."

"어라? 그러네? 왜 받아 올림 수를 생각 못 했지?"

"하하하. 계산 문제를 많이 풀어 보면 실수도 줄어들 거야. 참, 얘들아! 다음 시간은 전교생이 강당에서 뮤지컬 관람하는 거 알고 있지? 전교생이 모이니까 들어가는 시간이 좀 걸릴 거야. 그것까지 계산에 넣고 이동하자. 혹시 쉬는 시간에 쉴 거 다 쉬고 시작 시간 직전에 딱 맞춰 도착하는 계산적인 사람은 없겠지? 미리 출발해서 천천히 모이도록 해요."

이렇게 수학적 의미의 계산은 '주어진 수를 일정한 규칙을 사용해 처리하는 것'을 말하고, 생활적 의미의 계산은 '일어날 일을 예상하고 고려하는 것', '자기 이익만 생각하는 것'을 말한답니다.

이런 뜻이에요.

계산의 계(計)는 '수를 세다', '셈하다'를 뜻하고, 산(算)은 '계산', '수'를 뜻해요. 두 글자 모두 '계산하고 수를 세거나 셈하다'라는 의미를 가지고 있어요. 그래서 수학에서 쓰이는 계산은 '주어진 수나 식을 일정한 규칙, 즉 연산의 법칙에 따라 처리해 값을 구하는 것'을 말해요. 여기서 연산의 법칙은 덧셈, 뺄셈, 곱셈, 나눗셈 등을 뜻한답니다.

또한 계(計)의 '헤아리다', '계획하다'라는 뜻과 산(算)의 '계산', '미리 알다'라는 뜻을 합치면 '미리 알고 헤아리다'라는 의미가 만들어지지요? 즉 생활에서 쓰이는 계산은 '어떤 일을 미리 알거나 예상하고 추측해 헤아리는 것'을 말해요. 생활에서 계산은 '계산적'이라는 단어로 많이 쓰이는데 이때는 '머릿속에서 계산을 하고 있다'라고 생각하면 돼요. 나에게 이익이 되는지 지나치게 따질 때 계산적이라는 표현을 사용한답니다.

과목별

주어진 수나 식을 일정한 규칙에 따라 처리해 값을 구함.

예문

- 오늘 하루 종일 쓴 돈을 계산해 보니 모두 2,500원이었다.
- 아이스크림 20개를 사 와서 13개를 먹고 남은 개수를 계산해 보면 7개이다.

생활 속

이익이 되는지 따져 봄. 일어날 일을 예상해서 헤아림.

예문

- 형은 계산적인 성격이라 손해 보는 행동은 절대 하지 않는다.
- 친구가 오는 시간을 계산해서 라면을 끓였다.

꼬리에 꼬리를 무는 수학 개념!

계산

사칙 연산

사칙 연산이란 덧셈, 뺄셈, 곱셈, 나눗셈을 이용하는 셈을 말해요. 여기서 사칙(四則)은 덧셈, 뺄셈, 곱셈, 나눗셈의 네 가지 계산 방법을 뜻한답니다.

사칙 연산

세 자리 수의 덧셈과 뺄셈을 해 볼까요?

		1	
	5	9	8
+	1	2	3
			1

➡

	1	1	
	5	9	8
+	1	2	3
		2	1

➡

	1	1	
	5	9	8
+	1	2	3
	7	2	1

	7	8	9
-	5	4	3
			6

➡

	7	8	9
-	5	4	3
		4	6

➡

	7	8	9
-	5	4	3
	2	4	6

비슷한 말을 알아봐요.

셈 수를 세는 일. 어떻게 하겠다는 생각.

[수학] 거스름돈으로 얼마를 받으면 되는지 셈해 보니 700원이었다.

[생활] 이만하면 실컷 논 셈이니 이제 집에 가야겠다.

측정(測定) 길이나 무게, 양 등을 잼. 헤아려 결정함.

[수학] 선생님은 운동장에 100m를 측정해서 표시하고 출발선으로 삼았다.

[생활] 우리 집 강아지 토토에 대한 내 사랑은 측정할 수 없을 만큼 깊다.

BONUS 학습도구어 더하기 - 속담, 관용어, 사자성어

속 독장수구구는 독만 깨뜨린다

헛되고 실현성 없는 계산은 도리어 손해만 가져옴.

관 이리 재고 저리 재고 (하다)

이익과 손해 등을 짐작하거나 계산하고 따져 봄.

사 타산지석(他山之石)

다른 산의 돌이라도 자기 옥을 가는 데 쓸 수 있다는 뜻으로, 계산처럼 치밀하게 자기 이익이나 교훈을 따져 활용함.

난이도 ★★★☆☆

4 공식

네 가지 연산이 섞였을 땐 순서를 따라야 하는 것처럼 수학에서 '공식'은 수학 문제를 풀 때 반드시 지켜야 하는 약속을 말해요.

공식은 이럴 때 쓰는 말이에요.

"답은 26일까? 6일까? 2일까? 너무 헷갈려!"

교실 한편에서 옥신각신하는 소리가 들려왔어요. 칠판에 적힌 '10-2×3+(3-1)'의 답을 두고 아이들의 의견이 나뉘었답니다.

"짠! 너희들의 고민을 해결해 줄 멋진 선생님 등장! 이 문제는 수학의 기본이 되는 네 가지 연산인 덧셈, 뺄셈, 곱셈, 나눗셈의 가장 기본적인 공식을 알아야 해. 이렇게 연산이 섞인 문제에서는 왼쪽에서 오른쪽 순서로 계산해야 하고 괄호 안의 식을 제일 먼저 계산해야 해. 그 다음 곱셈과 나눗셈을 계산하고 마지막으로 덧셈과 뺄셈의 순으로 계산해야 한단다."

"아하! 선생님께서 말씀하신 공식대로 하니까 6이 정답이에요!"

그때 앞문으로 성훈이가 헐레벌떡 뛰어 들어왔어요.

"수학 문제 풀기 놀이 중이라며? 공식적으로 수학 박사인 이 박성훈이 빠질 수 없지."

"하긴 성훈이가 수학 경시대회에서 상도 많이 받았으니 공식적으로 수학 박사가 맞네!"

이렇게 수학적 의미의 공식은 '반드시 지켜야 하는 연산의 방법이나 순서'를 말하고, 생활적 의미의 공식은 '사회적으로 인정된 형식적인 자리'를 말해요.

이런 뜻이에요.

공식의 공(公)은 '공평하다', '함께하다'를 뜻하고, 식(式)은 '법', '형식'을 뜻해요. 두 글자를 합치면 '형식을 함께하다', '법을 공평하게 하다'라는 의미가 만들어져요. 이는 '어떤 형식이나 법을 공평하게 다 함께 지키다'라는 뜻으로 이어진답니다. 그래서 수학에서 쓰이는 공식은 '계산의 법칙, 연산의 방법, 수학적 정리 등을 문자와 기호로 나타낸 식'을 말해요. 이것은 '문제를 풀 때 다 함께 반드시 지키기로 한 약속'이랍니다.

또한 공(公)의 '공평하다', '한쪽으로 치우치지 않다'라는 뜻과 식(式)의 '제도', '의식'이라는 뜻을 합치면 '틀에 박힌 형식적인 일이나 방식'이라는 의미가 만들어지지요? 즉 생활에서 쓰이는 공식은 '당연히 이렇게 될 거야'라고 '많은 사람이 생각하는 방법이나 내용'을 말해요. '공식적'이라는 말로도 많이 쓰이며 '사회적으로 여러 사람이 인정하는 방식이나 형식, 자리'를 뜻한답니다.

과목별

연산 방법이나 계산 법칙 등을 문자와 기호로 나타냄.

예문

- 연산이 섞인 혼합 문제의 공식 중 하나는 괄호 안의 문제부터 풀어야 한다는 것이다.
- 정사각형의 넓이를 구하는 공식은 밑변 곱하기 높이이다.

생활 속

틀에 박힌 형식이나 사회적으로 인정된 자리.

예문

- 이 동화는 보통의 공식과 다르게 주인공의 사랑이 이뤄지지 않는다.
- 공식적인 자리에서 사회자는 표준말을 쓰는 것이 좋다.

꼬리에 꼬리를 무는 수학 개념!

공식

혼합 계산

혼합 계산이란 한 식 안에 덧셈, 뺄셈, 곱셈, 나눗셈 등 여러 연산이 함께 들어 있는 계산을 말해요. 사칙 연산이 섞인 식에서는 계산 순서를 올바르게 정해 계산해야 한답니다.

혼합 계산

혼합 계산의 순서를 배워 볼까요?

$$36 \times 2 \div 6 \times 3 = 36$$

① $36 \times 2 = 72$ → ② $72 \div 6 = 12$ → ③ $12 \times 3 = 36$

↕

$$36 \times 2 \div (6 \times 3) = 4$$

① $6 \times 3 = 18$, ② $36 \times 2 = 72$ → ③ $72 \div 18 = 4$

$$18 \times 4 \div 2 \times 4 = 144$$

① $18 \times 4 = 72$ → ② $72 \div 2 = 36$ → ③ $36 \times 4 = 144$

↕

$$18 \times 4 \div (2 \times 4) = 9$$

① $2 \times 4 = 8$, ② $18 \times 4 = 72$ → ③ $72 \div 8 = 9$

Tip! 괄호가 있는 식과 없는 식은 계산 결과가 달라요. 계산하는 순서가 다르기 때문이에요.

비슷한 말을 알아봐요.

법칙(法則) **계산해 답을 구하는 여러 방식. 반드시 지켜야만 하는 것.**

[수학] 이 문제의 풀이는 순서를 바꿔 계산하는 교환 법칙을 사용했다.

[생활] 지구가 태양 주위를 돈다는 것은 변할 수 없는 법칙이다.

식(式) **숫자, 문자, 계산 기호를 써서 이들 사이에 나타난 수학적 관계. 일정한 방식.**

[수학] 길이 10m의 끈에서 5m를 사용하고 남은 끈의 길이를 구할 때 식을 세워 풀면 10-5=5이므로 답은 5m이다.

[생활] 그런 식으로 말하면 상대방이 기분 나쁠 것 같아.

BONUS 학습도구어 더하기 - 속담, 관용어, 사자성어

속 눈 감고 아웅 한다

공식적으로 하는 체만 하면서 실제로는 보람도 없고 실속도 없는 짓을 함.

관 판에 박히다

말과 행동을 정해진 공식처럼 반복함.

사 유비무환(有備無患)

공식적인 준비와 계획이 확실히 갖춰져 있을 때 문제가 생기지 않는다는 뜻으로, 미리 준비가 돼 있으면 걱정할 것이 없음.

난이도 ★☆☆☆☆

5 공통

분수를 계산하기 위해 같은 분모를 갖게 하는 것처럼 수학에서 '공통'은 같은 숫자를 갖는 일을 말해요.

공통은 이럴 때 쓰는 말이에요.

이 분수식을 계산해 볼까요? $\frac{1}{2}+\frac{1}{3}$은 최소 공통 분모 6을 가져요. $\frac{1}{2}$은 분모가 6이 되려면 3을 곱해야 하니까 분모와 분자에 모두 3을 곱해요. $\frac{1}{3}$은 분모가 6이 되려면 2를 곱해야 하니까 분모와 분자에 모두 2를 곱해요. 그러면 $\frac{3}{6}+\frac{2}{6}$가 되네요? 이제 분모는 분모끼리 분자는 분자끼리 더하면 된답니다. 답은 $\frac{5}{6}$예요.

"선생님, 분자끼리 계산할 때 공통 분모를 가져야 하는 것처럼 저랑 선호도 공통의 취미로 빠르게 친해졌어요. 바로 농구예요. 헤헤헤."

"맞아. 노래든 운동이든 취미에 공통된 부분이 많으면 서로 친해지기 쉽지."

이렇게 수학적 의미의 공통은 통분처럼 '둘 이상의 다른 분수를 크기가 변하지 않게 같은 분모로 만드는 것'을 말하고, 생활적 의미의 공통은 '관계가 있고 같은 것을 추구하는 것'을 말해요.

이런 뜻이에요.

공통의 공(共)은 '한가지', '같게 하다'를 뜻하고, 통(通)은 '통하다'를 뜻해요. 두 글자를 합치면 '한가지로 통하게 하다', '같은 것으로 통하게 하다'라는 의미가 만들어져요. 즉 수학에서 쓰이는 공통은 '분수나 집합 등에서 조건에 맞게 함께 가지고 있는 것'을 말해요. 집합에서는 함께 가지고 있는 원소를 가리킬 때 공통을, 분수에서는 둘 이상의 다른 분수를 크기가 변하지 않게 같은 분모로 만들 때 공통이라는 단어를 사용한답니다.

또한 공(共)의 '함께', '모두', '한가지'라는 뜻과 통(通)의 '통하다', '알다'라는 뜻을 합치면 '함께 통하거나 알다', '한가지로 통하다'라는 의미가 만들어지지요? 즉 생활에서 쓰이는 공통은 '둘 또는 그 이상이 함께 두루두루 통하고 알면서 관계가 있는 것', '한가지로 통하게 하는 것'을 말해요. '영국과 미국에서 공통으로 사용하는 언어는 영어이다'라고 했을 때 두루두루 통하면서 두 나라와 관계가 있고 한가지로 통하게 하는 공통된 것이 '영어'인 것처럼 말이에요.

과목별

둘 이상의 집합에서 함께 가짐.

예문
- 두 개 이상의 자연수에 공통인 약수를 공약수라고 한다.
- 2와 3의 배수에서 공통인 가장 작은 배수는 6이다.

생활 속

둘 또는 그 이상이 서로 관계가 있음.

예문
- 온 세계가 공통으로 추구하는 것은 세계 평화일 것이다.
- 두 개의 동화에 공통으로 들어간 주제는 부모님의 사랑이다.

꼬리에 꼬리를 무는 수학 개념!

공통

공배수

공배수란 두 수에서 어떤 수의 갑절이 되는 공통된 수를 말해요.

공약수

공약수란 두 수에서 어떤 수를 나누어떨어지게 하는 공통된 수를 말해요.

공배수와 공약수

공배수와 공약수를 알아볼까요?

2의 배수 : 2, 4, 6, 8, 10, 12, 14, ……

3의 배수 : 3, 6, 9, 12, 15, 18, 21, ……

2와 3의 공배수 = 6, 12, ……

3의 배수 : 3, 6, 9, 12, 15, 18, ……

6의 배수 : 6, 12, 18, 24, 30, ……

3과 6의 공배수 = 6, 12, ……

12의 약수 : 1, 2, 3, 4, 6, 12

18의 약수 : 1, 2, 3, 6, 9, 18

12와 18의 공약수 = 1, 2, 3, 6

15의 약수 : 1, 3, 5, 15

20의 약수 : 1, 2, 4, 5, 10, 20

15와 20의 공약수 = 1, 5

비슷한 말을 알아봐요.

평균(平均) 여러 수나 같은 종류의 양의 중간값. 여러 사물의 질이나 양을 고르게 함.

[수학] 이번 시험은 평균 90점 이상을 목표로 정했다.

[생활] 커피는 평균적으로 키우기 까다로워 한정된 지역에서만 재배된다.

표준(標準) 여러 가지가 섞여 있는 것에서 가장 일반적이거나 평균적인 것.
사물의 정도나 성격 등을 알기 위한 근거나 기준.

[수학] 여권 사진의 표준 규격은 가로 3.5cm, 세로 4.5cm이다.

[생활] 광물의 굳기는 표준 광물과 서로 문질러 보고 알아낸다.

BONUS 학습도구어 더하기 - 속담, 관용어, 사자성어

속 같이 우물 파고 혼자 먹는다

여럿이 공통으로 노력해 이룬 일의 성과를 혼자서 차지함.

관 손발(이) 맞다

공통으로 일을 할 때 마음이나 의견, 일하는 방식이 서로 잘 맞음.

사 동병상련(同病相憐)

공통의 병을 앓는 사람끼리 서로 가엾게 여김.

난이도 ★☆☆☆☆

6 다각

삼각형, 사각형, 오각형처럼 수학에서 '다각'은 여러 각을 가진 모양을 말해요.

다각은 이럴 때 쓰는 말이에요.

"선생님, 이 퍼즐은 하나하나의 모양이 여러 가지 도형으로 만들어졌어요. 신기하죠?"

"그러네. 모두 다각형이구나. 다양한 다각형이 여기에 다 모여 있었네!"

다각형이란 '3개 이상의 선분으로 둘러싸여 3개 이상의 각이 있는 평면 도형'을 말해요.

"그러고 보니 각의 개수와 선분의 개수에 따라 다각형의 이름이 정해지네요? 선분이 3개고 각이 3개인 삼각형, 마찬가지로 선분과 각이 4개씩 있는 도형은 사각형, 선분과 각이 5개씩 있는 도형은 오각형이고 말이에요."

"맞아, 정확해! 그렇다면 원은 어떨까?"

"그러면 원은 선분으로 이뤄져 있지 않으니까 다각형이 아니에요."

다각형에 대해 한참 얘기를 나누고 있을 때 퍼즐을 맞추던 진수가 투덜대며 말했어요.

"휴…… 이리저리 다각으로 살펴봤지만 도저히 모르겠어요. 너무 어려워요."

"어디 보자. 선생님의 다각적인 지식과 상식으로 보자면 이건 명화 맞추기 퍼즐이구나. 후후후. 인터넷에서 이 그림을 찾고 비교하면서 맞춰 볼까?"

이렇게 수학적 의미의 다각은 '3개 이상의 각을 가진 것'을 말하고, 생활적 의미의 다각은 '여러 가지 방향으로 다양하게 생각하는 것'을 말해요.

이런 뜻이에요.

다각의 다(多)는 '많다'를 뜻하고, 각(角)은 '각도'를 뜻해요. 두 글자를 합치면 '각도가 많다'라는 의미가 만들어져요. '각도가 많다'라는 것은 '각을 여러 개 가지고 있다'는 뜻이에요. 그래서 수학에서 쓰이는 다각은 '여러 개의 각'을 말해요. 특히 많이 쓰이는 도형 단원에서 다각형은 '선분이나 원이 아닌 각을 3개 이상 가진 삼각형, 사각형, 오각형 등'을 가리켜요.

또한 다(多)의 '많다'라는 뜻과 각(角)의 '각도'라는 뜻을 합치면 '많은 각도'라는 의미가 만들어지지요? 각도는 '두 직선의 벌어진 정도'를 말해요. 즉 생활에서 쓰이는 다각은 각이 벌어진 모양처럼 '상황이나 사물에 관한 생각이 여러 방면이나 여러 범위에 넓게 걸쳐져 있는 것'을 가리켜요. 이 상황이나 사물에 대해 어떻게 생각하는지, 어떤 다양한 방법으로 생각하는지, 어떤 의견인지 등을 묻는 것처럼 말이에요. '다각으로 살펴봤다'라고 한다면 '여러 가지 방법, 여러 가지 방향으로 생각해 봤다'라는 뜻이 된답니다.

과목별

여러 개의 각을 가짐.

예문

- 다각형에서 변과 변이 만나는 점은 꼭짓점이다.
- 정다각형은 모든 변의 길이가 같다.

생활 속

여러 가지 방법. 다양한 생각의 방향.

예문

- 다각 농업은 쌀농사뿐만 아니라 여러 작물을 함께 재배하는 방식이다.
- 해결 방법을 다각으로 찾아봤지만 뾰족한 수가 없었다.

꼬리에 꼬리를 무는 수학 개념!

다각

다각형

다각형이란 셋 이상의 선분으로 둘러싸인 평면 도형을 말해요. 선분의 수에 따라 삼각형, 사각형, 오각형 등이 있답니다. ‘도형’은 점, 선, 면, 입체 등 모든 모양을 통틀어 이르는 말이고 ‘다각형’은 그중 선분으로 이뤄진 평면 도형이에요.

다각형

다양한 다각형의 모양을 알아볼까요? 다음 중 다각형이 아닌 것을 골라 보세요.

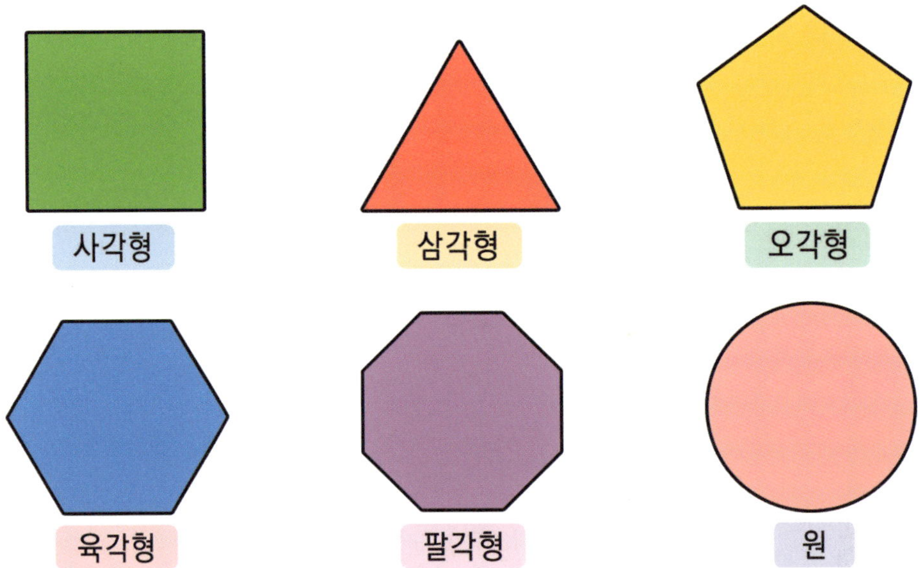

정답 원

비슷한 말을 알아봐요.

각도(角度) 한 점에서 갈려 나간 두 직선의 벌어진 정도. 생각의 방향이나 관점.

[수학] 정삼각형은 세 각의 각도가 60도로 모두 같다.

[생활] 우리는 여러 각도로 문제를 생각해 보고 해결 방법을 찾아냈다.

다면(多面) 면이 많음. 여러 방면.

[수학] 이 도형은 다면을 가진 입체 도형이다.

[생활] 우리 누나는 다면에 재주가 많다.

BONUS

학습도구어 더하기 - 속담, 관용어, 사자성어

속 **재주는 장에 가도 못 산다**

재주는 돈으로 살 수 없고 다각으로 배우고 익혀서 능력을 키워야 함.

관 **거미줄(을) 늘이다**

죄인이나 범인을 잡기 위해 다각으로 찾고 조사함.

사 **다재다능(多才多能)**

재주와 능력이 다각으로 많음.

난이도 ★★☆☆☆

7 단면

삼각기둥을 자른 면이 삼각형이나 직사각형으로 보이는 것처럼 수학에서 '단면'은 도형의 잘린 면을 말해요.

단면은 이럴 때 쓰는 말이에요.

"얘들아 여기 동그란 빵이 있지? 선생님이 마구 잘라 볼게. 어떤 모양이니?"

"모두 원이에요."

"맞아. 이 동그란 빵은 '구'인데 어느 방향으로 잘라도 단면의 모양은 크기만 다를 뿐 항상 원이야. 이번에는 이 조각 케이크를 잘라 볼게. 어떻게 보이니?"

"선생님께서 자르는 방향에 따라 달라요. 칼을 옆으로 눕혀 자르면 단면이 삼각형이고 수직으로 세워 자르면 단면이 직사각형이에요."

"그렇지. 물체를 어느 방향으로 자르냐에 따라 단면이 다르게 나오는 입체 도형도 있고 '구'처럼 단면의 모양이 모두 같은 도형도 있단다."

그때 열심히 수업을 듣는 민호를 보며 은서가 의아하다는 듯 물었어요.

"민호야, 넌 운동을 좋아해서 수학에는 관심이 없는 줄 알았는데 아니구나?"

"사람을 단면만 보고 판단하다니! 이래 봬도 수학을 좋아하는 운동 소년이거든? 에헴."

이렇게 수학적 의미의 단면은 '자른 도형의 겉모양'을 뜻하고, 생활적 의미의 단면은 '사람이 가진 성격이나 특징, 현상의 알려지지 않았던 한 부분'을 뜻해요.

이런 뜻이에요.

단면의 단(斷)은 '끊다', '나누다'를 뜻하고, 면(面)은 '모양', '겉'을 뜻해요. 두 글자를 합치면 '나누고 끊은 모양', '나누고 끊은 겉모습'이라는 의미가 만들어져요. 그래서 수학에서 쓰이는 단면은 '도형을 잘랐을 때 보이는 모양', '도형의 잘라 낸 겉면'을 말한답니다.

또한 단(斷)의 '끊다', '나누다'라는 뜻과 면(面)의 '방면', '모양'이라는 뜻을 합치면 '여러 방면으로 나뉘다', '모양을 나누다'라는 의미가 만들어지지요? 사물이나 사건을 여러 방면에서 생각해 보면 지금 보이는 것 말고도 분명 다른 부분이 있을 거예요. 즉 생활에서 쓰이는 단면은 '사물이나 사건의 여러 현상, 여러 모습 가운데 또 다른 한 부분'을 말해요. 모양을 나누면 그 속이 보이는 것처럼 '사람의 성격이나 특징, 어떤 현상에서 속에 숨겨진 또 다른 부분이나 알려지지 않았던 부분' 또는 '내면을 드러내 보여 주는 것'을 뜻한답니다.

과목별

도형을 잘라서 나오는 부분.

예문

- 정육면체의 단면으로는 정사각형, 정삼각형, 직사각형 등이 나온다.
- 단면은 입체 도형에만 볼 수 있다.

생활 속

어떤 현상의 부분이 되는 한 면이나 내면을 보여 줌.

예문

- 이육사 시인의 시에는 우리 민족이 살아온 삶의 한 단면을 담고 있다.
- 이 영화는 우리 사회의 어두운 단면을 보여 주고 있다.

꼬리에 꼬리를 무는 수학 개념!

단면

평면 도형

평면 도형이란 평면에 그려진 도형을 말해요. 점과 선, 곡선 등을 이용해 만들 수 있고 두께가 없답니다. 삼각형, 사각형, 오각형, 원 등이 모두 평면 도형이에요.

평면 도형과 입체 도형

입체 도형을 옆으로 잘랐을 때, 단면이 되는 평면 도형을 바르게 찾아 연결해 볼까요?

① 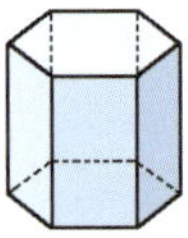 • • 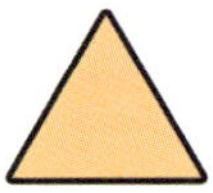 삼각형

② 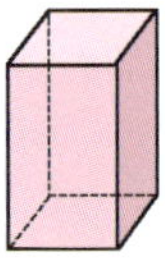 • •  사각형

③ 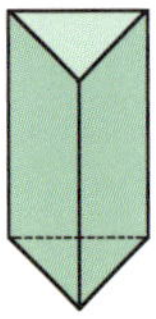 • •  오각형

④ 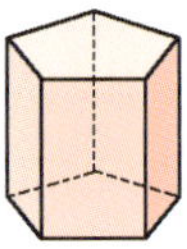 • • 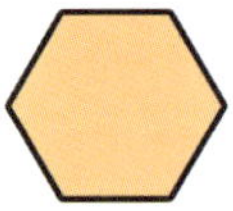 육각형

정답 ①-육각형, ②-사각형, ③-삼각형, ④-오각형

비슷한 말을 알아봐요.

부분(部分) **전체를 이루는 작은 범위. 전체를 몇 개로 나눈 것 중 하나.**

[수학] 우물의 깊이를 재기 위해 1m 길이의 막대를 바닥에 닿을 때까지 넣고 물 위에 남아 있는 부분의 길이가 40cm이면 우물의 깊이는 60cm이다.

[생활] 이 동화의 마지막 부분이 너무 슬퍼서 펑펑 울었다.

측면(側面) **각기둥, 각뿔 등의 밑면 이외의 면. 사물이나 현상의 한 부분.**

[수학] 각뿔은 측면에서 보면 삼각형이다.

[생활] 이 그릇은 미적 측면에서 매우 뛰어나지만 실용적이지는 않다.

BONUS 학습도구어 더하기 - 속담, 관용어, 사자성어

속 하나만 알고 둘은 모른다

사물의 한 단면만 보고 두루 보지 못한다는 뜻으로, 생각이 깨어 있지 않아 융통성이 없고 미련함.

관 빙산의 일각(一角)

대부분은 숨겨져 있고 외부로 나타나 있는 것은 한 단면에 지나지 않음.

난이도 ★★☆☆☆

8 단위

g, kg, ml처럼 수학에서 '단위'는 무게, 길이, 양 등을 잴 때 기준이 되는 것을 말해요.

단위는 이럴 때 쓰는 말이에요.

옥 선생님이 책상 위에 여러 가지 물건을 나열했어요.

"오늘은 단위로 나타내는 것을 해 볼 거란다. 길이, 양, 무게, 부피, 넓이, 시간, 온도, 속도 등은 모두 단위로 나타낼 수 있지. 우선 이 연필의 길이를 재서 단위로 나타내 볼까?"

단위는 '수량을 수치로 나타낼 때 기초가 되는 일정한 기준'을 말해요. 사람들은 단위를 통일해 사용하고 있답니다. 단위를 통일해야 같은 것을 쟀을 때 길이나 양이 달라 우왕좌왕하는 일이 벌어지지 않을 거예요.

"15cm예요. 선생님."

무게를 잴 때는 g(그램)이라는 단위를, 액체의 양을 잴 때는 ml(밀리리터)라는 단위를, 온도를 잴 때는 ℃(도)라는 단위를 사용해요.

"앗! 선생님, 연필을 보니 생각이 났어요! 지난 주말에 미술관에 갔었는데요. 주제가 가족에 관련된 미술 전시회라 그런지 가족 단위의 관람객들이 아주 많았어요. 그리고 그림이 그려진 기념품 연필을 묶음 단위로 팔길래 우리 반 친구들 주려고 사 왔어요."

이렇게 수학적 의미의 단위는 '사물의 길이, 넓이, 무게 등을 수치로 나타낼 때 기본이 되는 기준'을 말하고, 생활적 의미의 단위는 '모둠, 조직, 전체를 구성하는 한 덩어리'를 말해요.

이런 뜻이에요.

단위의 단(單)은 '하나', '혼자'를 뜻하고, 위(位)는 '자리', '위치'를 뜻해요. 두 글자를 합치면 '하나가 있는 자리'라는 의미가 만들어져요. '하나'는 물건을 세거나 잴 때 기준이 돼요. 그래서 수학에서 쓰이는 단위는 '길이, 무게, 수, 시간 등의 수량을 수치로 나타낼 때 기초가 되는 일정한 기준'을 말해요. 단위의 종류에는 그램, 리터, 미터, 초 등이 있답니다.

또한 단(單)의 '오직', '혼자'라는 뜻과 위(位)의 '자리'라는 뜻을 합치면 '오직 혼자의 자리'라는 의미가 만들어지지요? 이것은 '가장 기본이 되는 하나'를 말해요. 그래서 단위가 생활에서 쓰일 때는 '집단이나 조직, 모둠을 구성하는 기본적인 한 덩어리'를 의미한답니다. 여기서 '한 덩어리'는 하나가 될 수도, 여럿이 될 수도 있어요.

과목별

길이, 넓이, 무게, 소리의 크기, 시간 등을 수치로 나타낼 때 일정한 기준.

예문

- 교실의 소음은 소음 측정 단위로 70dB(데시벨)이었다.
- 2000g을 kg 단위로 나타내면 2kg이다.

생활 속

전체를 구성하는 기본적인 한 덩어리.

예문

- '나'를 음소 단위로 나누면 자음 'ㄴ'과 모음 'ㅏ'로 나뉜다.
- 나는 일주일 단위로 용돈을 받는다.

꼬리에 꼬리를 무는 수학 개념!

단위

보조 단위

보조 단위란 기본 단위(표준 도량형)를 더 편하게 사용하기 위해 만든 단위예요. 즉 기본 단위를 기준으로 큰 단위나 작은 단위로 바꿔 쓸 때 생기는 단위라고 생각하면 돼요. 보조 단위는 길이, 무게, 부피 등을 계산하거나 비교할 때 쉽게 표현할 수 있도록 도와준답니다.

단위

단위에 대해 알아볼까요?

길이 단위 환산표		
큰 단위	**작은 단위**	**관계**
km(킬로미터)	m(미터)	1km = 1,000m
m(미터)	cm(센티미터)	1m = 100cm
cm(센티미터)	mm(밀리미터)	1cm = 10mm
무게 단위 환산표		
큰 단위	**작은 단위**	**관계**
kg(킬로그램)	g(그램)	1kg = 1,000g
g(그램)	mg(밀리그램)	1g = 1,000mg
부피 단위 환산표		
큰 단위	**작은 단위**	**관계**
L(리터)	mL(밀리리터)	1L = 1,000mL

비슷한 말을 알아봐요.

기준(基準) 기본이 되는 표준.

[수학] 1을 기준으로 1보다 작고 0보다 큰 수를 나타내기 위해 분수를 사용한다.

[생활] 체육 시간에 맨 오른쪽 제일 앞 친구를 기준으로 간격을 맞췄다.

척도(尺度) 자로 재는 길이의 표준. 평가하거나 측정하는 기준.

[수학] 이 줄자는 척도가 1inch씩 커진다.

[생활] 행복의 척도는 마음가짐에 따라 달라진다.

BONUS 학습도구어 더하기 - 속담, 관용어, 사자성어

속 배보다 배꼽이 더 크다

기본 단위가 되는 것보다 덧붙이는 것이 더 많거나 큼.

관 골격이 서다

어떤 일을 형성할 때 기본 단위가 되는 틀이 잘 이뤄짐.

난이도 ★★☆☆☆

9 대응

4배씩 늘어나는 조건을 가진 숫자가 서로 짝을 맞춰 바뀌는 것처럼 수학에서 '대응'은 주어진 조건에 따라 숫자가 짝지어지는 것을 말해요.

대응은 이럴 때 쓰는 말이에요.

옥 선생님이 머리 위에 커다란 마법 모자를 쓰고 교실로 들어왔어요.

"어린이 여러분, 문제의 답을 맞춰야 이곳에서 탈출할 수 있어요. 이 문제에는 각각 대응하는 숫자가 주어져 있답니다. 10에 대응하는 숫자의 답을 맞춰야 닫힌 문이 열릴 거예요!"

"와! 재미있겠다!"

마법 모자를 쓴 선생님의 수학 놀이에 아이들은 눈을 반짝였답니다. 칠판에 적힌 문제를 자세히 보던 지원이가 손을 번쩍 들었어요.

"오른쪽 숫자가 4배씩 늘어나니까 대응하는 수는 4씩 곱해 주면 돼요. 1에 대응하는 수는 4이고, 2는 8, 3일 때에는 12죠. 그러면 10에 대응하는 수는 10 곱하기 4니까 40이에요!"

"잘했어! 얘들아, 대응은 '서로 짝을 짓는 것'을 말해. 하나의 값이 변할 때 어떤 다른 값도 일정하게 짝지어져서 변하는 것을 '대응 관계'라고 하지. 이 문제도 대응에 관한 문제야."

"갑자기 마법사 놀이를 하시니까 어떻게 대응해야 할지 알쏭달쏭했지만 재미있었어요!"

이렇게 수학적 의미의 대응은 '조건에 맞게 서로 짝을 이루는 것'을 말하고, 생활적 의미의 대응은 '일어난 일에 맞춰 반응하는 것'을 말해요.

이런 뜻이에요.

대응의 대(對)는 '대하다', '마주하다', '짝을 짓다'를 뜻하고, 응(應)은 '응하다', '대답하다'를 뜻해요. 그래서 수학에서 쓰이는 대응은 '서로 짝이 지어지는 것', '숫자 등이 어떤 주어진 조건에서 서로 짝이 되는 것'을 말해요. 이때는 숫자가 늘어나기도 하고 줄어들기도 한답니다. '합동하는 두 도형의 서로 포개어지는 부분이나 닮은꼴인 두 도형을 확대하거나 축소해서 포개어지는 부분'도 대응이라고 해요.

또한 대(對)의 '대하다', '대답하다', '맞춰 보다'라는 뜻과 응(應)의 '응하다', '맞장구치다'라는 뜻을 합치면 '맞장구치고 대답하다'라는 의미가 만들어지지요? 그래서 생활에서 쓰이는 대응은 '마주 대하고 상대하는 것'을 말해요. '어떤 일이 일어나면 거기에 맞춰 나름의 태도를 보이고 행동하는 등의 반응을 보이는 것'을 가리킨답니다.

과목별

도형에서 서로 포개어지는 부분.
조건에 맞춰 서로 짝이 돼 늘어나거나 줄어듦.

예문

- 각각 대응하는 변과 대응하는 크기가 서로 같으면 대칭 도형이 될 수 있다.
- 사과가 3개씩 담긴 바구니가 4개로 늘어나면 사과는 12개로 대응해 늘어난다.

생활 속

어떤 일에 맞춘 태도나 그렇게 행동함.

예문

- 다른 반의 계주 팀에 대응해 우리 반도 계주 팀을 짰다.
- 내 질문에 형이 신경질적으로 대응해서 무척 서운했다.

꼬리에 꼬리를 무는 수학 개념!

대응

일대일 대응

일대일 대응이란 두 집합의 원소를 빠짐없이 겹치지 않게 하나씩 짝짓는 것을 말해요. 이 개념은 두 집합의 크기가 같은지 알아보거나 함수의 성질을 확인할 때 아주 중요하게 사용돼요. 처음에는 단순한 짝짓기 놀이처럼 보이지만 수학의 여러 분야에서 핵심적인 역할을 한답니다.

대응

사다리 타기로 일대일 대응을 쉽게 배워 볼까요?

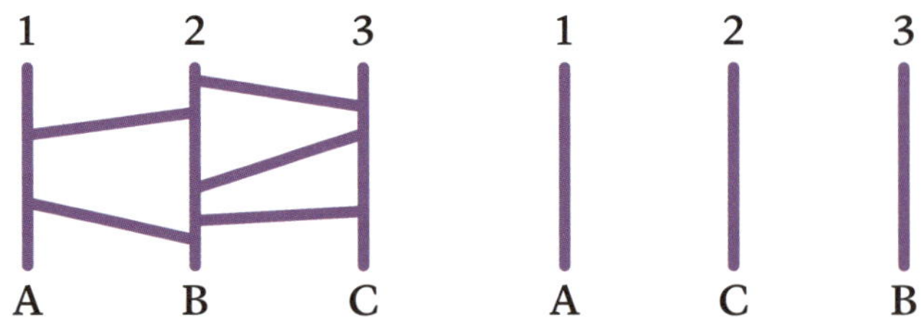

사다리를 쭉 따라가 보면 1→A, 2→C, 3→B가 나와요. 이를 깔끔하게 정리하면 1—A, 2—C, 3—B 모양이 돼요. 이렇게 사다리 게임처럼 하나의 출발점을 선택하면 반드시 도착점이 하나 나오고 다른 출발점을 선택하면 다른 도착점이 나오는 것을 일대일 대응이라고 한답니다. 다른 예시를 들어 볼까요? 민수, 지영, 현우와 의자 3개가 있다고 해 봅시다. 민수는 1번 의자, 지영은 2번 의자, 현우는 3번 의자에 각각 앉았어요. 이렇게 친구 한 명마다 의자 하나씩 짝이 지어지고 남는 의자나 사람이 없으면 그것이 바로 일대일 대응이에요. 반대로 친구는 3명인데 의자가 4개라면 의자가 하나 남게 되죠. 이런 경우는 일대일 대응이라고 할 수 없어요. 또 의자는 3개인데 친구가 4명이라면 한 친구는 앉을 의자가 없어지기 때문에 역시 일대일 대응이 되지 않아요.

비슷한 말을 알아봐요.

쌍(雙) 둘을 하나로 묶어 세는 단위. 둘씩 짝을 이룸.

[수학] 아빠가 금붕어 다섯 쌍을 사 오셔서 어항에는 총 열 마리의 금붕어가 있다.

[생활] 비가 온 후 하늘에 쌍무지개가 떠서 신기했다.

짝 둘이 서로 어울려 한 벌이나 한 쌍을 이루는 것의 각각을 세는 단위.
둘 또는 그 이상이 서로 어울려 한 벌이나 한 쌍을 이룸.

[수학] 신발 네 짝은 신발 두 켤레이다.

[생활] 우리 반은 총인원수가 홀수라서 짝이 맞지 않는다.

BONUS 학습도구어 더하기 - 속담, 관용어, 사자성어

속 외손뼉이 소리 날까

두 손뼉이 마주쳐야 소리가 나지 한 손뼉만으로는 소리가 나지 않는 것처럼 일을 할 때는 상대가 같이 대응해야 잘되는 것이지 혼자서만 해서는 잘되지 않음.

관 촉각을 곤두세우다

정신을 집중하고 주의 깊게 살펴 즉각 대응할 자세를 취함.

사 임기응변(臨機應變)

그때그때 처한 상황에 맞춰 즉각 대응함.

난이도 ★★★☆☆

10 대칭

나비 모양이나 하트 모양,
바둑판 모양처럼 수학에서
'대칭'은 한 축을 중심으로
마주 놓여 있는 것을 말해요.

대칭은 이럴 때 쓰는 말이에요.

"자, 모두 색종이를 반으로 접고 접은 선은 둔 채로 예쁜 무늬를 그려 봐. 접힌 부분을 중심으로 반만 그려야 해. 그리고 그린 대로 오려 내고 펼쳐 보렴. 어떤 대칭 모양이 나왔니?"

"저는 하트 모양을 만들었어요."

"저는 눈송이 모양이에요."

아이들은 색종이로 한 직선을 따라 접어서 완전히 겹치는 대칭 도형을 만들었어요.

"이것을 선대칭 도형이라고 해. 너희가 접은 선이 대칭축이지."

"선생님, 그러면 예쁜 나비도 선대칭을 이루고 있는 거 맞죠? 바둑판도요! 특히 바둑판은 위, 아래, 왼쪽, 오른쪽 모두 대칭이에요. 나비는 그렇지 않은데 말이에요."

그때 선우가 입을 크게 벌리며 하품을 하기 시작했어요.

"선생님, 졸려요. 히히. 전 '저녁형 인간'이거든요. 늦게까지 잠을 안 잤더니……."

"하하하. 선생님은 선우와 대칭되게 '아침형 인간'인데 말이야. 저녁에는 일찍 자고 아침에 일찍 일어나서 책도 읽고 운동도 한단다."

이렇게 수학적 의미의 대칭은 '축을 중심으로 선이나 면이 마주 놓여 있는 것'을 말하고, 생활적 의미의 대칭은 '서로 짝을 이루거나 관계있는 일을 짝지어 말하는 것'을 말해요.

이런 뜻이에요.

대칭의 대(對)는 '마주하다', '짝을 짓다', '맞추다'를 뜻하고, 칭(稱)은 '일컫다'를 뜻해요. 두 글자를 합치면 '마주한 것', '짝지어진 것', '맞춘 것을 일컫다'라는 의미가 만들어져요. 그래서 수학에서 쓰이는 대칭은 '점, 선, 면 또는 그것들의 모임이, 기준이 되는 축을 사이에 두고 같은 거리에 마주 놓여 있거나 짝지어진 것을 맞추는 일'을 말한답니다. 특히 '맞추다'라는 말에 '똑같다'라는 의미가 들어 있으므로 대칭 도형은 기준이 되는 축을 사이에 두고 접었을 때 완전히 겹쳐야 해요. 즉 마주하는 변의 길이가 같답니다.

또한 대(對)의 '맞다', '마주하다', '짝을 짓다'라는 뜻과 칭(稱)의 '드러내다'라는 뜻을 합치면 '맞게 드러내다', '마주 보거나 짝지어서 드러내다'라는 의미가 만들어지지요? 그래서 생활에서 쓰이는 대칭은 '균형을 위해 중심선에서 위아래 또는 왼쪽 오른쪽을 맞게 놓는 것', '사물들이 서로 같은 모습으로 마주 보며 짝을 이루고 있는 상태'를 말한답니다.

과목별

점, 선, 면이 같은 거리에 마주 놓여 있는 것.

예문

- 도형을 한 점을 중심으로 180도 돌렸을 때 처음 도형과 완전히 겹쳐지면 점대칭 도형이다.
- 어떤 직선으로 접어서 완전히 겹치면 대칭 도형이다.

생활 속

어떤 사물이 마주 보며 짝을 이룸.

예문

- 멀리 보이는 두 개의 등대가 대칭적인 모양을 하고 있다.
- 이 나무들은 대칭을 이루며 자라고 있어서 균형감이 있다.

꼬리에 꼬리를 무는 수학 개념!

대칭

대칭 도형

대칭 도형이란 하나의 점이나 직선, 혹은 평면을 중심으로 양이 같은 모양을 이루는 도형을 말해요.

비대칭 도형

비대칭 도형이란 대칭 도형과 다르게 어느 것을 기준으로 해도 양쪽의 모양이 다른 도형을 말해요.

대칭 도형과 비대칭 도형

대칭축에 따른 대칭 도형과 비대칭 도형을 알아볼까요?

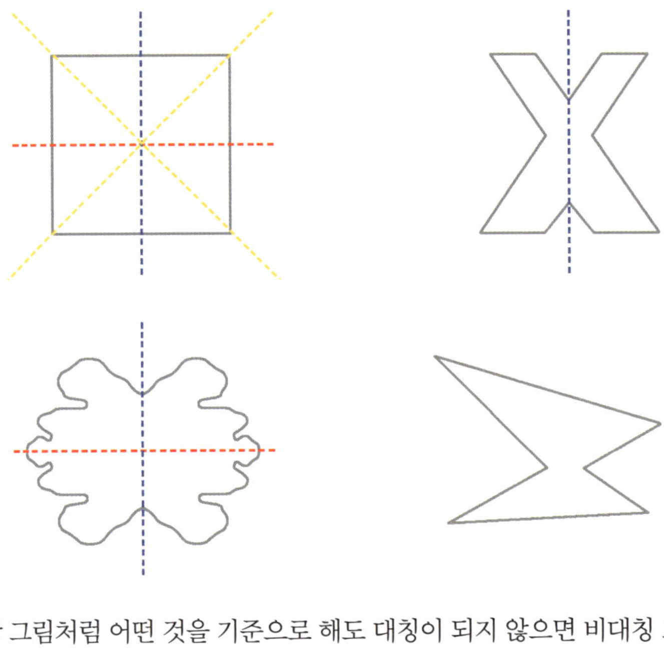

Tip! 마지막 그림처럼 어떤 것을 기준으로 해도 대칭이 되지 않으면 비대칭 도형이에요!

비슷한 말을 알아봐요.

대응(對應) 숫자, 사물 등이 짝이 돼 달라짐. 일어난 일에 맞춰 태도나 행동을 취함.

[수학] 의자의 수가 1씩 커지는 것에 대응해 의자 다리의 수는 4씩 커진다.

[생활] 선생님의 신속한 대응으로 과학실의 불이 금방 꺼졌다.

합동(合同) 두 개의 도형이 크기와 모양이 같아 서로 포개었을 때 꼭 맞음. 여럿이 모여 행동이나 일을 함께함.

[수학] 합동인 도형은 돌리기와 뒤집기로 확인할 수 있다.

[생활] 노래를 좋아하는 친구들과 합동해 합창 동아리를 만들었다.

BONUS 학습도구어 더하기 - 속담, 관용어, 사자성어

속 평택이 무너지나 아산이 깨어지나

대칭되는 양쪽의 힘과 기세가 서로 비슷함.

관 눈(을) 맞추다

서로 눈을 대칭되게 마주 봄.

사 중용지도(中庸之道)

치우치지 않고 대칭처럼 양쪽의 균형과 조화를 유지함.

난이도 ★★★☆☆

11 등분

색종이 1장을 16조각으로 나누는 것처럼 수학에서 '등분'은 전체를 똑같게 나눠 세는 단위를 말해요.

등분은 이럴 때 쓰는 말이에요.

"선생님, 내일 체육 대회에 사용할 꽃가루 만드는 거죠? 색종이 1장을 16조각으로 등분해서 작은 사각형 16개로 만들면 크기가 딱 좋을 것 같아요."

"그렇지? 잠시 분수로 얘기해 볼까? 분수는 전체에 대한 부분의 수를 말해. 지금 자르고 있는 꽃가루는 사각형의 $\frac{1}{16}$이고 전체 1장을 16등분 한 것 중에 1개란 뜻이란다."

그때 영양사 선생님께서 반에 와서 요구르트 100개를 주고 가셨어요.

"얘들아, 100개 중의 $\frac{2}{10}$만 우리 반이 챙기고 나머지는 옆 반으로 넘겨줘야 해."

아이들은 눈이 동그래졌어요. 100개 중의 $\frac{2}{10}$라고?

"아하! 100개를 10등분 하고 그중에 2만큼 가져가는 거죠? 100개를 10등분 하면 10개, 그 중에 2만큼이니까 우리 반은 20개를 챙기면 돼요!"

"정확해! 아, 맞다. 얘들아, 곧 시험이니까 시간을 잘 등분해서 공부하렴. 좋아하는 과목만 계속 공부하면 안 돼. 시간도, 노력하는 마음도 골고루 잘 등분해서 공부하도록!"

이렇게 수학적 의미의 등분은 '똑같은 분량으로 나뉘어진 것을 세는 단위'를 말하고, 생활적 의미의 등분은 '주어진 조건을 적당하게 나누는 것'을 말해요.

이런 뜻이에요.

등분의 등(等)은 '같다', '무리'를 뜻하고, 분(分)은 '나누다', '갈라지다'를 뜻해요. 두 글자를 합치면 '같게 나누다', '무리 지어 가르다'라는 의미가 만들어져요. 그래서 수학에서 쓰이는 등분은 '똑같은 분량으로 나뉘어진 것을 세는 단위'를 말해요. 등분은 미터나 킬로그램처럼 분수를 세는 단위로 생각하면 돼요. 똑같은 분량으로 나뉘어진 것을 세는 거예요.

또한 등(等)의 '무리', '차례'라는 뜻과 분(分)의 '나누다', '구별하다'라는 뜻을 합치면 '무리 지어 구별하다', '차례대로 나누다'라는 의미가 만들어지지요? 즉 생활에서 쓰이는 등분은 전체 중의 몇 개로 숫자를 정확하게 나누는 의미라기보다 '물건을 두 개 이상으로 나누거나 두 사람 이상에게 나눠 주는 것', '여러 개를 묶거나 적당한 양을 차례대로 나눠 주는 것'을 말한답니다.

과목별

똑같은 분량으로 나뉘어진 것을 세는 단위.

예문

- 한 개의 떡을 7등분으로 자른 한 조각은 $\frac{1}{7}$이다.
- 사탕을 5등분으로 나누니 20개씩 묶어졌다.

생활 속

두 개 이상으로 나눔.

예문

- 어머니는 등분한 꽃들을 화병에 담아 거실과 방에 두셨다.
- 사과를 등분해서 형, 동생과 나눠 먹었다.

꼬리에 꼬리를 무는 수학 개념!

등분

분수

분수란 전체를 똑같이 나눈 것 중의 부분을 말해요. 진분수(분자가 분모보다 작은 분수), 가분수(분자가 분모와 같거나 분모보다 큰 분수), 자연수(1,2,3과 같은 수), 대분수(자연수와 진분수로 이뤄진 분수) 등이 있답니다.

분수

그림으로 분수를 배워 볼까요? 빈칸에 알맞은 수를 써 보세요.

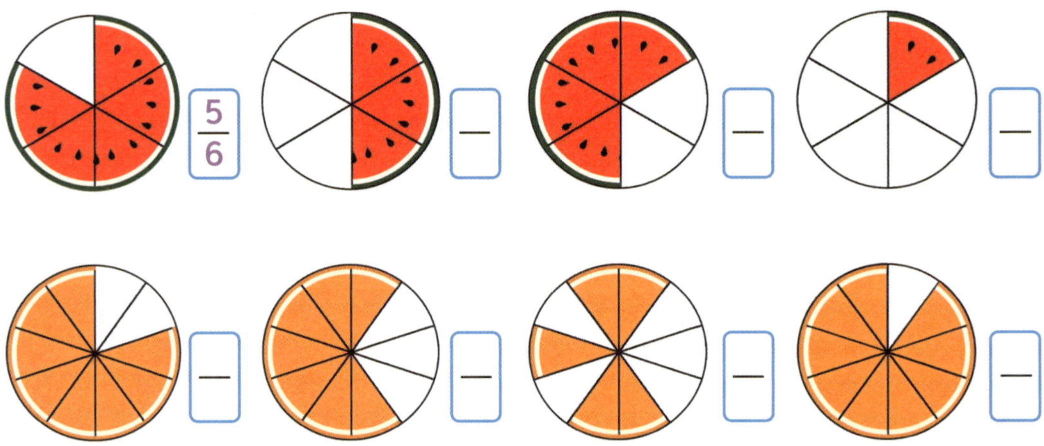

Tip! '—'의 아래 부분은 분모, 위의 부분은 분자라고 해요!

정답 $\frac{3}{6}$, $\frac{4}{6}$, $\frac{1}{6}$, $\frac{8}{10}$, $\frac{7}{10}$, $\frac{5}{10}$, $\frac{4}{10}$

비슷한 말을 알아봐요.

구분(區分) 일정한 기준에 따라 전체를 몇 개로 나눠 가름.

[수학] 양의 정수와 음의 정수를 구분하기 위해서 숫자 앞에 +, - 부호를 붙인다.

[생활] 나는 책갈피로 책의 읽은 부분과 읽지 않은 부분을 구분해 놓았다.

나누기(나누다) 나눗셈을 함. 음식을 함께 먹거나 갈라 먹음. 말이나 이야기, 인사 등을 주고받음. 즐거움이나 고통, 고생 따위를 함께함.

[수학] 8 나누기 2는 4이다.

[생활] 나는 친구와 음료수를 한잔 나누면서 여러 가지 이야기를 나눴다.

BONUS

학습도구어 더하기 - 속담, 관용어, 사자성어

속 큰일이면 작은 일로 두 번 치러라

어렵고 힘든 일은 한 번에 하는 것보다 조금씩 등분해서 하는 것이 나음.

관 누구 코에 바르겠는가[붙이겠는가]

여러 사람에게 등분해 줘야 할 물건이 너무 적음.

난이도 ★★★☆☆

12 등식

2+5=7처럼 수학에서
'등식'은 '='로 이어진 식을 말해요.

등식은 이럴 때 쓰는 말이에요.

"얘들아, '='의 이름이 뭐인 줄 아니? 설마 '는'이라고 대답할 건 아니지? 하하하. '='의 정확한 이름은 등호야. 등호는 오른쪽과 왼쪽 변의 값이 '서로 같다'라는 의미란다. 이렇게 등호가 들어간 식을 등식이라고 해. 등식은 양변에 같은 수를 더하거나 빼거나 곱하거나 나눠도 변하지 않는 성질이 있어. 이 성질을 이용하면 쉽게 풀 수 있는 문제가 많단다."

옥 선생님은 등식의 성질을 이용한 문제를 보여 줬어요.

"자, 네모 더하기 2는 6이랑 같다. 등식이지? 네모에 2가 더해져 있는데 이 2만 없어지면 네모만 남으니까 답을 알 수 있어. 등식의 성질은 양변이 같다고 했으니까 양변에 똑같이 2를 빼야 해. 그러면 네모의 값만 남으면서 답을 알 수 있단다. 선생님이 칠판에 적어 볼게."

"계산해 보면 네모는 4가 되겠군요! 흠, 분명히 수학은 재미있는데…… 저는 왜 수학 시험은 못 치는 걸까요? '수학을 좋아하면 수학 시험도 잘 친다'라는 등식은 문제가 있어요."

"하하. 현서야, '시험은 공부를 해야 잘 친다'라는 등식만 있단다. 공부를 좀 더 집중해서 해 보렴."

이렇게 수학적 의미의 등식은 '수나 문자, 식을 등호로 써서 이어 낸 것'을 말하고, 생활적 의미의 등식은 '두 사실이 다르지만 깊은 관계를 맺은 것'을 말해요.

이런 뜻이에요.

등식의 등(等)은 '같다', '무리', '등급'을 뜻하고, 식(式)은 '법', '제도', '형식'을 뜻해요. 등(等)은 '무리', '등급'이라는 의미도 있지만 등식에서는 '같다'라는 의미가 더 중요하게 사용됐어요. 서로 비슷하게 같은 것을 '대등(對等)', 같게 나누는 것을 '등분(等分)'이라고 하는 것처럼 말이에요. 두 글자를 합치면 '같은 식이나 법'이라는 의미가 만들어져요. 그래서 수학에서 쓰이는 등식은 '양쪽의 식이나 숫자가 모두 같은 것'을 말해요. 이것은 1+3=4라는 식처럼 등호(=)로 표시하고 이런 관계식도 등식이라고 한답니다.

또한 등(等)의 '같다'라는 뜻과 식(式)의 '정도', '형상'이라는 뜻을 합치면 '형상이나 정도가 같다'라는 의미가 만들어지지요? 즉 생활에서 쓰이는 등식은 '두 사실이 서로 다르지만 관련이 많거나 근본적으로 뜻이 같은 것'을 말한답니다. '사람들이 많이 듣는 노래는 인기가 많다는 등식이 있다'라는 문장을 한번 볼까요? 앞 문장과 뒤 문장이 똑같은 사실은 아니지만 두 사실이 관련이 많고 중요한 정도가 같음을 알 수 있어요. 이때 등식의 의미가 통한답니다.

과목별

수, 문자, 식을 등호로 나타냄.

예문
- □×4=16이라는 등식이 성립하려면 □에 4가 들어가야 한다.
- 등식은 0이 아닌 수로 나눠야 성립한다.

생활 속

서로 다른 사실이지만 관계가 깊음.

예문
- 남자가 힘이 더 세다는 등식은 깨진 지 오래다.
- 어느새 내 짝은 우리 반 장난꾸러기라는 등식이 세워졌다.

꼬리에 꼬리를 무는 수학 개념!

등식

부등식

부등식이란 두 수나 두 식을 부등호로 연결한 것을 말해요. 여기서 부등호란 두 수 또는 두 식 사이의 대소 관계를 나타내는 기호예요. ‘>’와 ‘<’를 쓰며 입이 벌어진 쪽이 더 크다는 뜻이랍니다.

부등식

부등식을 어떻게 읽는지 알아볼까요? 빈칸에 알맞은 말을 써 보세요.

보기

5 > 4 → (5)는 (4)보다 (크)다.

① 7 < 12 → (　　　)은 (　　　)보다 (　　　)다.

② 41 < 90 → (　　　)은 (　　　)보다 (　　　)다.

③ 60 > 7 → (　　　)은 (　　　)보다 (　　　)다.

④ 96 > 2 → (　　　)은 (　　　)보다 (　　　)다.

⑤ 38 < 49 → (　　　)은 (　　　)보다 (　　　)다.

정답 ① 7,12,작 ② 41,90,작 ③ 60,7,크 ④ 96,2,크 ⑤ 38,49,작

비슷한 말을 알아봐요.

동등(同等) 수학에서 면적이 같음. 등급이나 정도가 같음.

[수학] 이 사각형과 원은 크기와 모양은 다르지만 면적이 동등하다.

[생활] 선수들은 동등한 조건에서 훈련했다.

동형(同形) 수학에서 도형이 완전히 같음. 사물의 성질, 모양 등이 서로 같음.

[수학] 동형 도형은 두 개의 도형이 모양과 크기가 완전히 똑같아야 한다.

[생활] 그 유적지에서는 동형의 장신구들이 여러 개 나왔다.

BONUS 학습도구어 더하기 - 속담, 관용어, 사자성어

속 얻은 도끼나 잃은 도끼나

새로 얻은 물건이나 잃어버린 물건이나 등식처럼 똑같아서 어떤 것이 더 좋은지 나쁜지 구분하기 어려움.

관 표리가 없다

말과 행동이 속마음과 등식처럼 똑같음.

사 호각지세(互角之勢)

서로의 힘이 등식처럼 대등해 우열을 가릴 수 없음.

1:5=7:□

1.242424242424······
5.797979797979······
0.255555555555······
1.947878787878······
5.367867867867······

2장

ㅁ~ㅅ으로 시작하는 학습도구어

면 | 무한 | 법칙 | 변수 | 변환

분포 | 비례 | 수직 | 순서 | 순환

난이도 ★☆☆☆☆

13 면

평면 도형의 모양처럼 수학에서
'면'은 위치, 모양, 넓이를 가진 도형의
겉 부분을 말해요.

면은 이럴 때 쓰는 말이에요.

"얘들아, 찾기 놀이를 한번 해 볼까? 운동장에서 찾을 수 있는 평면 도형을 말해 보렴."

"이 철봉에 봉은 원기둥인 입체 도형이고…… 아! 여기 미끄럼틀 옆쪽 면이 평면 도형으로 사다리꼴이에요. 정글짐도 옆면에서만 보면 평면 도형이에요. 정사각형이요."

"어? 여기 직사각형도 있어요. 화단에 있는 꽃 이름표가 직사각형이에요."

"모두 잘 찾는구나. 평면 도형은 '삼각형, 사각형, 원처럼 두께가 없고 길이와 폭만 가진 도형'이란다. 그리고 평면 도형은 길이와 폭이 있어서 둘레의 길이나 넓이를 구할 수 있지."

도형은 위치, 모양, 크기를 가진 형태를 말하는데 점, 선, 면으로 이뤄져 있어요. 특히 면은 평면과 입체의 경계가 된답니다. 평면에서 면은 위치, 모양, 넓이를 가지고 있지만 두께는 가지지 않아요. 두께를 가지면 입체 도형이 되거든요.

"선생님, 교실 뒷면에도 이 여러 가지 도형의 모양을 오려 붙이고 그 안에 우리 사진을 붙이면 예쁠 것 같아요. 사진 고르는 방면으로는 제가 전문가잖아요. 예쁘게 꾸며 볼게요!"

이렇게 수학적 의미의 면은 '도형의 바깥 부분'을 말하고, 생활적 의미의 면은 '사물에서 드러난 부분이나 일의 어떤 부분, 성격의 어떤 부분'을 말해요.

이런 뜻이에요.

면(面)은 '모양', '모습', '겉', '표면'을 뜻해요. 이 뜻이 수학에서는 '입체 도형의 겉, 바깥 부분이나 도형의 표면'을 나타낸답니다. 면은 2차원과 3차원에 존재하는 모든 평면 도형과 입체 도형의 바깥 부분이며 평평한 평면뿐만 아니라 휘어진 곡면도 모두 포함해요.

또한 '앞', '방면', '쪽', '모양', '모습', '겉', '표면'이라는 뜻은 생활에서 쓰이는 면이에요. '우리나라는 삼면이 바다이다'라는 예문처럼 '무엇을 향하고 있는 쪽을 가리킬 때나 일의 모양새, 성격의 어떤 부분'을 말할 때 면을 사용해요. 이때는 '너는 참 긍정적인 면이 있어'라는 표현에서의 면과 같아요. 이외에도 '일정한 넓이를 가지고 사물의 겉으로 드러난 부분'을 면이라고 하는데 이때는 '우리 집 방 한쪽 면에는 가족사진이 커다랗게 붙어 있다'라는 예문으로 나타낼 수 있어요.

과목별

평면 도형과 입체 도형의 바깥 부분.

예문

- 구부러진 곡면은 2차원에서 굽은 도형을 말한다.
- 삼각기둥을 세로축으로 잘라 드러나는 면은 직사각형이다.

생활 속

향하고 있는 쪽. 일정한 넓이가 있는 드러난 부분.

예문

- 우리 집은 삼면이 나무로 둘러싸여 있다.
- 그 커다란 그림은 벽의 한쪽 면을 다 차지하고 있다.

꼬리에 꼬리를 무는 수학 개념!

면

도형의 기본 요소

점, 선, 면을 도형의 기본 요소라고 해요. 선과 선이 만나면 교점(만나는 점)이 생기고 선과 면이 만나면 조건에 따라 교점 또는 교선이 생기며 면과 면이 만나면 교선이 생긴답니다.

도형의 기본 요소

점, 선, 면의 관계를 알아볼까요?

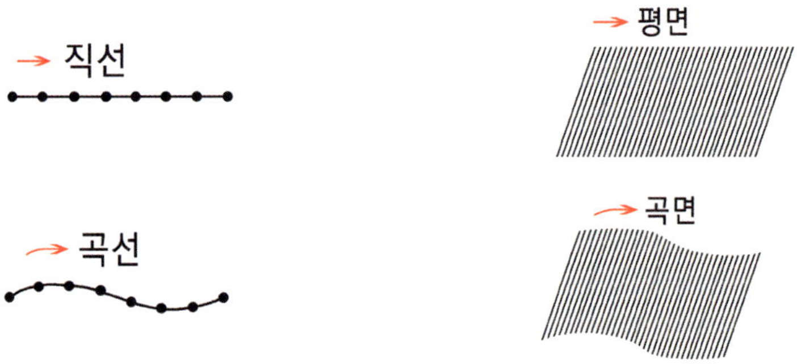

점이 모이면 선이 돼요!　　선이 모이면 면이 돼요!

점은 도형을 이루는 가장 기본 요소예요. 점은 위치만 있고 크기는 없어요. 점이 이어지면 선이 된답니다. 선은 길이는 있지만 두께와 넓이가 없고 직선과 곡선이 있어요. 점이 모이면 선이 되고 선이 모여 넓게 펼쳐지면 면이 돼요.

비슷한 말을 알아봐요.

겉 물체의 바깥 부분. 밖으로 드러난 쪽이나 모습.

[수학] 겉넓이는 입체 도형을 이루고 있는 모든 면의 넓이의 합이다.

[생활] 초록색 키위는 겉에 털이 잔뜩 나 있다.

평면(平面) 일정한 표면 위의 임의의 두 점을 지나는 직선이 항상 그 표면 위에 놓이는 면. 평평한 표면.

[수학] 평면 도형은 둘레와 면적을 가지고 입체 도형은 부피와 겉넓이를 가진다.

[생활] 울퉁불퉁한 곳을 망치로 두드려서 매끄러운 평면으로 만들었다.

BONUS 학습도구어 더하기 - 속담, 관용어, 사자성어

속 수박 겉 핥기

맛있는 수박의 딱딱한 겉면만 핥고 있다는 뜻으로, 중요한 내용은 모르고 중요하지 않은 부분만 대충 건드려 봄.

관 비단 보자기를 씌우다

속은 보잘것없는데 드러나는 면만 아름답게 보이게 함.

난이도 ★★★☆☆

14 무한

반지름, 직선, 자연수처럼 수학에서 '무한'은 숫자나 집합의 원소를 헤아릴 수 없는 것을 말해요.

무한은 이럴 때 쓰는 말이에요.

"이 원에서 반지름을 그려 볼게. 여기, 여기, 또 여기…… 아니, 반지름이 너무 많잖아?!"

"하하하. 언제까지 그리려는 거니? 계속 그리면 집에도 못 갈 거야. 원의 반지름은 무한한 무한 집합이거든. 자연수의 집합, 평면 위에 점 같은 것들은 모두 끝없이 무한해. 직선 또한 무한하단다. 선분은 '두 점 사이를 곧게 이은 선'이고 직선은 '선분을 양쪽으로 끝없이 무한으로 늘인 곧은 선'이거든."

그때 민서가 눈을 반짝이며 말했어요.

"어? 그렇다면 직선은 길이를 잴 수 없겠네요. 수학에서 숫자로 알 수 없는 것도 있다니! 왠지 신비롭게 느껴져요. 그런데 직선은 무한하니까 계속 그리면 우주를 뚫고 나갈 수도 있겠어요. 헤헤헤."

민서의 말에 선생님은 미소를 지었어요.

"민서의 무한한 상상력에 늘 감탄해. 어쩌면 그렇게 독특하고 재미있는 생각을 하니?"

"저에게는 무한한 가능성이 있으니까 이 상상력을 바탕으로 멋진 사람이 될 거예요!"

이렇게 수학적 의미의 무한은 '숫자, 도형, 직선 등이 셀 수도 없이 끊임없이 반복되는 것'을 말하고, 생활적 의미의 무한은 '생각, 상황, 가능성에 제한이 없는 것'을 말해요.

이런 뜻이에요.

무한의 무(無)는 '없다'를 뜻하고, 한(限)은 '제한하다', '끝'을 뜻해요. 두 글자를 합치면 '끝이 없다', '제한이 없다'라는 의미가 만들어져요. 그래서 수학에서 쓰이는 무한은 '숫자나 식에서 나온 값의 수', '집합의 원소가 끝없이 계속돼 헤아릴 수 없는 것', '수학에서 사용되는 도형, 직선, 점 등이 끝없이 계속 이어져 나가는 것'을 말해요. 특히 원주율(원의 지름에 대한 원둘레의 비율로 약 3.14:1이며 기호는 π)처럼 '특정한 규칙이 없이 무작위로 숫자가 끝없이 나열되는 것'이나 $0.55\dot{5}$, $8.39\dot{3}\dot{9}$처럼 '규칙적인 숫자가 반복되며 끝없이 나열되는 것'도 모두 무한이라고 한답니다.

또한 무(無)의 '없다', '아니다'라는 뜻과 한(限)의 '한정하다', '끝', '기한'이라는 뜻을 합치면 '끝이 아니다', '한정하는 것이 없다'라는 의미가 만들어지지요? 이는 생활에서 쓰이는 무한으로 '사람의 능력이나 가능성, 생각, 공간, 시간 등에 제한하는 것이 없거나 한계가 없는 것'을 말한답니다.

과목별

집합의 원소나 숫자가 끝없이 계속돼 셀 수 없음.

예문

- 소수점 아래에 0이 아닌 숫자가 끊임없이 반복되는 소수는 무한 소수이다.
- 무한 집합은 원소를 모두 헤아릴 수 없는 집합이다.

생활 속

공간, 시간, 사물, 능력 등에 제한이 없음.

예문

- 우주는 무한의 공간으로 펼쳐져 있다.
- 인간의 뇌는 무한한 잠재력을 가지고 있다.

꼬리에 꼬리를 무는 수학 개념!

무한

원주율

원주율은 원의 둘레를 지름(원이나 구에서, 중심을 지나는 직선으로 그 둘레 위의 두 점을 이은 선분이나 그 선분의 길이)으로 나눈 값을 말해요. 약 3.14이며 기호 π(파이)로 나타낸답니다. 왜냐하면 원주율은 3.14로 끝나는 것이 아니라 3.141592…처럼 끝없이 계속되며 순환하지 않는 무한 소수이기 때문이에요.

원주율

파이(π) 데이가 있다고?!

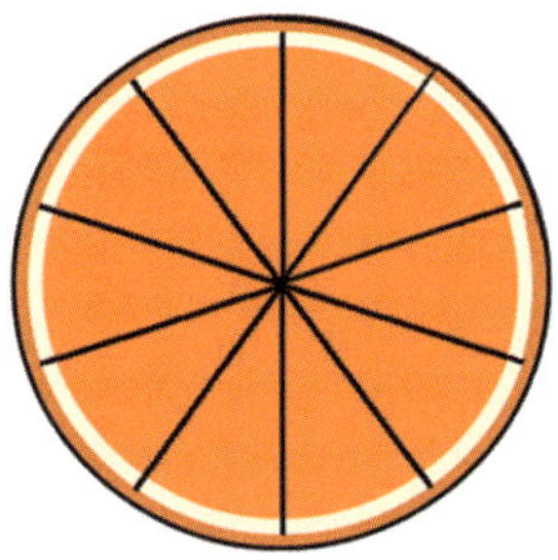

π값을 소수 다섯째 자리까지 나타내면 3.14159이기 때문에 매해 3월 14일 1시 59분이 되면 '파이 데이' 행사가 열리는 곳이 있다고 해요. 서양에서 시작된 이 행사는 서서히 우리나라에서도 유행하고 있답니다. 파이 데이에는 π값을 소수점 아래 수십 자리까지 외우는 게임을 하기도 하고 발음이 같은 파이(pie)를 먹는 것이 대표적인 축하 방식이에요.

큰 관련이 있는 것은 아니지만 3월 14일은 유명한 과학자인 알베르트 아인슈타인의 생일이기도 해서 이날은 아인슈타인의 업적을 기리는 날로도 여겨지고 있다고 하네요.

비슷한 말을 알아봐요.

공간(空間) 수학에서 입체 도형이 존재하는 3차원 구조. 아무것도 없는 빈 곳.

[수학] 입체 도형은 3차원 공간에서 존재한다.

[생활] 전시회의 작품들은 벽이 아닌 공간에 설치돼 전시되고 있었다.

무한대(無限大) 변수 x의 절댓값이 임의로 주어진 수보다 크게 될 수 있는 경우 그 변수 x의 상태. 한없이 큼.

[수학] 수학에서 무한대는 어떤 실수나 자연수보다도 더 크며 ∞로 표시한다.

[생활] 어린이들의 창의력은 무한대에 가깝다.

BONUS 학습도구어 더하기 - 속담, 관용어, 사자성어

속 부자도 한이 있다

칡이 기세 좋게 벋어 나가지만 그것도 무한은 아닌 한계가 있다는 뜻으로, 무엇이나 한정된 정도가 있음.

관 천장을 모르다

마치 무한인 듯 한계를 알 수 없음.

사 무한대적(無限大的)

무한하게 큼.

난이도 ★★☆☆☆

15 법칙

두 수를 바꿔 더하거나 곱해도
결과가 같은 교환 법칙처럼
수학에서 '법칙'은 연산에서
반드시 지켜야 하는 규칙을 말해요.

법칙은 이럴 때 쓰는 말이에요.

"덧셈, 곱셈은 숫자를 바꿔도 괜찮다니까. 다시 풀어 봐. 답은 바뀌지 않아."

아이들이 수학 문제를 두고 이런저런 이야기를 나누고 있어요.

"얘들아, 뭐 해? 아하, 교환 법칙에 관해 이야기를 나누고 있었구나?"

교환 법칙이란 '덧셈과 곱셈에서는 두 수의 순서를 바꿔 계산해도 결과가 항상 같은 것'을 말해요. 예를 들어 덧셈인 3+6=9, 6+3=9, 곱셈인 3×6=18, 6×3=18처럼 두 수를 바꿔도 계산 결과는 같은 것을 뜻한답니다. 이것을 '교환 법칙이 성립한다'라고 해요.

"여기서 잠깐! 교환 법칙이 성립하지 않는 것도 있어. 바로 뺄셈과 나눗셈이지. 6-3=3이지만 3-6은 아직 배우지 않은 음수인 3이 된단다. 그리고 6÷3=2이지만 3÷6=0.5가 되지."

그때 교실 한편에서 다른 아이들이 옥신각신 말다툼하는 소리가 들렸어요.

"선생님, 민규가 우리 모둠 법칙을 어겼는데 벌칙을 받지 않겠대요."

"딱 10분 늦었거든요? 그런데 벌칙으로 노래를 부르라고 하잖아요. 그게 법칙이래요."

이렇게 수학적 의미의 법칙은 '계산할 때 반드시 지켜야 하는 규칙'을 말하고, 생활적 의미의 법칙은 '여러 사람이 정해 놓아서 반드시 지켜야 하는 규칙'을 말해요.

이런 뜻이에요.

법칙의 법(法)은 '법', '방법'을 뜻하고, 칙(則)은 '법칙', '이치'를 뜻해요. 두 글자를 합치면 '정확하게 반드시 지켜야 하는 것'이라는 의미가 만들어져요. 그래서 수학에서 쓰이는 법칙은 '덧셈, 뺄셈, 곱셈, 나눗셈을 계산할 때 반드시 지켜야 하는 방식이나 규칙'을 말해요. 지키지 않으면 계산 결과가 다르게 나오기 때문에 꼭 지켜야 한답니다.

또한 법(法)의 '법', '규범'이라는 뜻과 칙(則)의 '법칙', '이치', '본보기로 삼다'라는 뜻을 합치면 '반드시 지켜야 하는 규범'이라는 의미가 만들어지지요? 즉 생활에서 쓰이는 법칙은 '원인과 결과를 가진 자연 현상이나 사물 등이 일어나고 움직이는 질서, 힘, 규칙'을 말해요.

과목별

사칙 연산을 활용한 계산에서 반드시 지켜야 하는 규칙.

예문

- 결합 법칙은 세 수 이상의 계산에서 성립되는 법칙이다.
- 곱셈의 분배 법칙은 4×(2+3)를 (4×2)+(4×3)으로 나눠 계산하는 법칙이다.

생활 속

사물의 원인과 결과를 가져오는 현상에 대한 질서나 힘.

예문

- 동물의 세계에서는 약육강식의 법칙이 적용된다.
- 자동차가 갑자기 멈췄을 때 몸이 앞으로 쏠리는 것은 관성의 법칙이다.

꼬리에 꼬리를 무는 수학 개념!

법칙

분배 법칙

분배 법칙이란 두 수의 합에 다른 한 수를 곱한 것이 그것을 각각 곱한 것의 합과 같다는 법칙을 말해요.

분배 법칙

덧셈에 대한 곱셈의 분배 법칙을 이용해 문제를 함께 풀어 볼까요?

○ × (□ + △) = ○ × □ + ○ × △

① 5 × (9 + 7) = □

→ (5 × 9) + (5 × 7) = 45 + 35 = 80

② 8 × (6 + 3) = □

→ (8 × 6) + (8 × 3) = 48 + 24 = 72

Tip! 그림의 순서대로 분배 법칙을 적용해 문제를 풀면 복잡하고 어려운 계산도 간단하게 답을 찾을 수 있어요!

비슷한 말을 알아봐요.

공식(公式) 계산의 법칙을 문자와 기호로 나타낸 식. 국가적, 사회적으로 인정된 방식.

[수학] 삼각형의 넓이를 구하는 공식은 밑변×높이÷2이다.

[생활] 공식적인 문서에는 정확하고 정중한 표현을 써야 한다.

방식(方式) 일정한 방법이나 형식.

[수학] 소수가 있는 곱셈 방식은 소수를 자연수로 생각해 곱을 구한 다음 소수점을 찍는다.

[생활] 온돌은 우리나라 전통 난방 방식이다.

BONUS 학습도구어 더하기 - 속담, 관용어, 사자성어

속 법 밑에 법 모른다

법칙, 규범 등을 잘 지켜야 할 법률 기관에서 도리어 법칙이나 규범을 잘 알지 못하고 어김.

관 모양(을) 차리다

일정한 법칙, 격식, 형식 등을 갖춤.

난이도 ★★★★☆

16 변수

5-□=2에서 □에 1, 2, 3을 모두 넣어 볼 수 있는 것처럼 수학에서 '변수'는 어떤 식에서 여러 가지 값으로 변할 수 있는 수를 말해요.

변수는 이럴 때 쓰는 말이에요.

"선생님! 제 말 좀 들어 보세요. 아침에 귤을 먹으려고 냉장고를 열었는데 귤이 2개밖에 없는 거예요! 분명 5개가 있는 걸 봤는데 말이에요. 그래서 형이 귤을 다 먹었다고 생각했죠."

우진이의 하소연을 듣던 옥 선생님이 말했어요.

"하하하. 수학 시간이니 식으로 나타내 볼까? 냉장고에 귤 5개가 있었고 □개를 형이 먹어 버렸구나. 냉장고에 남아 있는 귤의 개수가 2개면 형은 귤을 몇 개 먹어 버렸을까?"

선생님은 칠판에 5-□=2를 적었어요.

"너희가 □를 알기 위해 1도 넣어 보고 2도 넣어 보고 그다음 3을 넣어 봐서 □가 3이란 것을 알았을 거야. 물론 숫자가 작아서 바로 3인 것을 알았겠지만 어쨌든 □는 1도 됐다가 2도 됐다가 100도 될 수 있었지? 이런 것을 변수라고 한단다."

"그런데 선생님, 그때 또 다른 변수가 생겼다니까요?! 형이 귤을 1개밖에 안 먹었다는 거예요. 바로 아빠가 귤을 2개나 드신 거죠. 아빠라는 변수를 생각하지 못하다니!"

이렇게 수학적 의미의 변수는 '어떤 관계식에서 여러 가지로 변할 수 있는 수'를 말하고, 생활적 의미의 변수는 '어떤 상황을 바꾸는 것, 바뀔 수 있는 것'을 말해요.

이런 뜻이에요.

변수의 변(變)은 '변하다', '움직이다'를 뜻하고, 수(數)는 '수', '셈'을 뜻해요. 두 글자를 합치면 '숫자가 변하다', '숫자가 움직이다'라는 의미가 만들어져요. 그래서 수학에서 쓰이는 변수는 '어떤 관계나 식, 범위 안에서 여러 가지 값으로 변할 수 있는 수'를 말해요.

또한 변(變)의 '움직이다', '변경하다'라는 뜻과 수(數)의 '형편', '수단', '방법'이라는 뜻을 합치면 '형편이 바뀌다', '방법이 바뀌다'라는 의미가 만들어지지요? 이것은 생활에서 쓰이는 변수의 뜻으로 '어떤 상황을 바꿀 수 있거나 어떤 상황에서 바뀔 수도 있는 부분'을 말해요. 예를 들어 나와 지호가 경기에서 1등을 다투고 있는데 갑자기 민수라는 선수가 등장해서 1등을 했다면 민수는 이 경기의 변수가 되는 것이랍니다.

과목별

여러 값으로 변할 수 있는 수.

예문

- 5-x=2라는 식에서 x는 변수를 뜻한다.
- 이 그래프는 두 변수 사이에 반비례 관계가 성립한다는 것을 보여 준다.

생활 속

상황을 바뀔 수도 있게 하는 부분.

예문

- 1반과 4반이 우승을 다투고 있을 때 뜻밖의 변수로 실력이 좋아진 3반이 등장했다.
- 특별한 변수가 없는 한 내가 전교 회장이 될 것 같다.

꼬리에 꼬리를 무는 수학 개념!

변수

방정식

방정식이란 어떤 문자가 특정한 값을 취할 때에만 성립하는 등식을 말해요. 이때 그 문자를 변수라고 해요. 방정식에서는 이 변수의 값을 찾아내는 것이 중요하답니다.

방정식

X의 값을 구하고 일차 방정식을 익혀 볼까요?

보기

$X - 10 = 25$

$X - 10 + 10 = 25 + 10$

$X = 35$

① $X + 3 = 9$

② $X - 75 = 8$

Tip! 등식의 성질을 이용해 문제를 풀면 쉬워요. '='를 기준으로 같은 수를 더해 주거나 빼면 돼요.

정답 ① X=6 ② X=83

비슷한 말을 알아봐요.

가정(假定) **사실이 아니거나 사실인지 아닌지 분명하지 않은 것을 임시로 내세움.**

[수학] 사각형의 넓이가 40㎠일 때, 가로 길이가 10㎝라면 세로 길이는 □로 가정해서 10×□=40의 식으로 세로 길이를 알아낼 수 있다.

[생활] 무인도에 떨어졌다고 가정해 보면 맨 처음 해야 할 일은 물을 찾는 것이다.

임의(任意) **일정하게 정하지 않음.**

[수학] 강아지와 고양이가 모두 10마리이고 강아지는 고양이보다 3마리 더 많다고 했을 때, 강아지와 고양이의 수를 임의의 수 a와 b로 두고 식을 세운다.

[생활] 이 문제는 우리끼리 임의로 결정할 수는 없으니 선생님께 여쭤보자.

BONUS 학습도구어 더하기 – 속담, 관용어, 사자성어

속 믿는 나무에 곰이 핀다

잘되리라고 믿고 있던 일에 생각지 못한 변수가 생김.

관 꿈인지 생시인지

생각지도 못한 변수에 부딪혀 어찌할 바를 모름.

사 진퇴유곡(進退維谷)

변수에 부딪혀 진출할 수도 후퇴할 수도 없는 궁지에 처함.

난이도 ★★★★☆

17 변환

센티미터를 밀리미터로 바꾸는 것처럼 수학에서 '변환'은 어떤 단위를 다른 단위로 바꾸는 일을 말해요.

변환은 이럴 때 쓰는 말이에요.

"이 필통의 길이는 21.5cm가 나왔어. 이걸 밀리미터로 변환하면 215mm야."

"센티미터를 밀리미터로 변환하면 숫자가 갑자기 커지네? 신기하다. 1㎝는 10㎜니까 그렇구나. 우리 더 긴 것으로 재어 보자."

"이 탁자는 가로가 120cm야. 이걸 미터로 변환하면 1m 20cm네."

아이들은 줄자로 여러 가지 물건의 길이를 재어 보고 센티미터를 밀리미터로, 센티미터를 미터로 변환해 보면서 수학의 단위에 대해 알아가는 중이에요.

한편, 교실 한쪽에서 물의 상태 변환을 알아보기 위해 알코올램프에 올려 뒀던 물이 끓기 시작했어요.

"얘들아, 물이 수증기로 변환되고 있어. 냉동실의 물도 고체인 얼음으로 변환됐겠지? 길이도 재야 하고 물의 상태 변환도 공책에 기록해야 하고…… 너희들 아주 바쁘구나!"

그때 햇볕이 쨍쨍 내리쬐던 운동장에 갑자기 비가 쏴 내렸어요.

"선생님, 날씨 변환도 저희 공부에 한몫하는걸요? 소나기의 원리도 알려 주세요. 헤헤헤."

이렇게 수학적 의미의 변환은 '어떤 단위를 다른 단위로 바꿔 표시하는 것'을 말하고, 생활적 의미의 변환은 '어떤 것의 성질이 달라지거나 상태가 변하는 것'을 말해요.

이런 뜻이에요.

변환의 변(變)은 '변하다', '고치다'를 뜻하고, 환(換)은 '바꾸다', '바뀌다', '새롭게 하다'를 뜻해요. 두 글자를 합치면 '변하고 고쳐서 바뀌고 새롭게 되다'라는 의미가 만들어져요. 그래서 수학에서 쓰이는 변환은 '길이, 무게, 넓이, 부피 등에서 사용하는 어떤 단위를 다른 단위로 바꾸는 것'을 말한답니다. 센티미터를 밀리미터로, 킬로미터를 미터로 바꾸는 예가 바로 변환이에요.

또한 변(變)의 '변하다'라는 뜻과 환(換)의 '새롭게 하다'라는 뜻을 합치면 '변해서 새롭게 되다'라는 의미가 만들어지지요? 즉 생활에서 쓰이는 변환은 '달라져서 바뀌거나 다르게 만들어 바꾸는 것'을 말해요. 또한 '눈에 보이는 사물의 모양이나 쓰임새, 성질, 상태, 자연 현상, 과학적 실험 결과 등이 바뀌는 것', '눈에 보이지 않는 사실, 행동, 생각, 의식 등이 바뀌는 것'을 모두 뜻한답니다.

과목별

길이나 무게 등의 단위가 변함.

예문

- 아빠의 자동차 계기판에 표시된 주행 거리는 100km이다. 이를 미터로 변환해 보면 100,000m이다.
- 반죽에는 우유 100g, 버터 100g, 밀가루 100g이 들어갔지만 kg으로 표시되는 저울에는 0.3kg으로 변환돼 표시됐다.

생활 속

달라져서 다른 것으로 바뀜. 혹은 바꿈.

예문

- 나는 음악에 맞춰 느린 동작의 춤으로 변환해서 움직였다.
- 이 장난감에는 햇빛을 전기로 변환하는 태양 전지판이 붙어 있다.

꼬리에 꼬리를 무는 수학 개념!

변환

도수 분포표

도수 분포표란 측정한 값을 각 계급에 속하는 곳에 조사해 넣은 도표를 말해요. 말 그대로 널브러져 있는 것을 표로 변환해 깔끔하게 만든 것이에요.

도수 분포표

도수 분포표를 만들어 볼까요?

20 25 30 27 35 40 32 45 37 49 (분)

▲ 민용이네 반 학생 10명의 하루 동안 인터넷 이용 시간을 조사한 자료

Tip! 구간을 정하고 그 구간에 속하는 자료의 개수를 세어 표에 채워 넣으면 도수 분포표가 돼요.

이용 시간(분)	학생 수(명)
20 이상 ~ 30 미만	3
30 ~ 40	4
40 ~ 50	3

▲ 구간을 설정하고 표 안에 자료를 채워 넣어 완성된 도수 분포표

비슷한 말을 알아봐요.

변형(變形) **모양이나 형태가 달라짐.**

[수학] '5개의 사탕을 2명에게 나눠 주면 몇 개씩 받나요?'라는 질문은 '5개의 사탕을 3명에게 나눠 주면 남는 사탕은 몇 개인가요?'로 변형해서 학습할 수 있다.

[생활] 가죽으로 만든 옷이나 신발은 비에 젖으면 모양이 변형되기 쉽다.

환산(換算) **어떤 단위로 나타낸 수를 다른 단위로 고쳐 셈함.**
한 대상의 가치를 실질적인 단위로 계산해 나타냄.

[수학] 1m는 100cm로 환산할 수 있다.

[생활] 이 골동품은 무엇으로도 환산할 수 없는 역사적 가치를 지녔다.

BONUS 학습도구어 더하기 - 속담, 관용어, 사자성어

속 물은 흘러도 여울은 여울대로 있다

세상의 모든 것이 변환돼도 그중에는 변하지 않고 지켜지는 것이 있음.

관 색(을) 갈다

이것저것 색다르게 변환시킴.

사 변화무쌍(變化無雙)

변환이 무수히 일어나 같은 것이 없음.

난이도 ★★☆☆☆

18 분포

좋아하는 과일이 여러 명으로 나눠진 것처럼 수학에서 '분포'는 조건에 맞춰 나뉜 것을 수치로 나타내는 일을 말해요.

분포는 이럴 때 쓰는 말이에요.

오늘도 교실은 시끌벅적해요. 바로 좋아하는 과일 분포도를 만들어 보는 시간이거든요.

"어느 과일을 몇 명이 좋아하는지 우리 반 과일 분포 그래프를 만들어 보자꾸나."

선생님은 각 과일에 얼마큼의 사람이 분포돼 있는지 원그래프로 나타냈어요.

"어디 보자, 수박에는 5명이 분포돼 있고 딸기에는 7명, 귤은 4명, 복숭아에는 6명이 분포돼 있네. 원그래프로 그리니까 어떤 과일에 얼마나 분포돼 있는지 한눈에 알 수가 있지?"

"선생님, 과일 분포도를 보고 있으니 엄마가 말씀해 주신 이야기가 생각나요. 엄마는 자동차도 잘 다니지 않는 시골에 사셔서 먹고 싶은 과일을 마음대로 못 먹었대요. 그런데 시간이 지나서 버스와 지하철이 곳곳에 분포되자 외할아버지께서 과일을 매일 사다 주셔서 정말 행복했대요."

"와! 선생님 생각에 지우 외할아버지께서는 과일이 지역마다 고르게 분포돼 자랐으면 얼마나 좋았을까, 생각하셨을 것 같구나."

이렇게 수학적 의미의 분포는 '조건에 맞춰 나뉜 것이나 퍼진 것을 수치나 그래프로 나타내는 일'을 말하고, 생활적 의미의 분포는 '일정한 범위에 흩어져 퍼져 있는 것'을 말해요.

이런 뜻이에요.

분포의 분(分)은 '나누다', '갈라지다'를 뜻하고, 포(布)는 '벌이다', '드러내다'를 뜻해요. 두 글자를 합치면 '나누고 갈라진 것을 드러내다'라는 의미가 만들어져요. 그래서 수학에서 쓰이는 분포는 '자료를 제시된 조건에 맞춰 나누거나 가르고 그것을 수치로 나타내는 일'을 말해요. 또한 '수치로 나타난 나누고 가른 것들이 흩어져 있는 상태 자체'도 분포라고 한답니다. 수학에서 분포는 그래프나 수치로 나타낸다는 것을 기억해 두면 좋겠죠?

또한 분(分)의 '나뉘다', '갈라지다'라는 뜻과 포(布)의 '벌이다', '펴다'라는 뜻을 합치면 '나누고 가른 것을 벌이고 펴다'라는 의미가 만들어지지요? 즉 '나누고 가른 것이 여기저기 흩어져 퍼져 있다'라는 뜻이에요. 나누고 가르는 것은 조건이나 범위가 있어야 해요. 그렇지 않으면 무한으로 나뉘고 갈라질 수도 있으니까요. 그래서 생활에서 사용하는 분포는 '일정한 범위나 조건에 맞춰 흩어져 퍼져 있는 것'을 말해요. 또한 '동물이나 식물이 사는 지리적인 범위'를 나타낼 때도 분포라고 한답니다.

과목별

주어진 자료를 나눠 그래프나 수치로 나타내는 것.

예문
- 어제 친 수학 시험 성적은 점수대마다 고른 분포를 보였다.
- 지역별 철새의 분포를 점그래프로 나타냈다.

생활 속

조건에 맞춰 흩어져 있음. 동물이나 식물이 사는 범위.

예문
- 교통이 편리한 곳에는 인구가 집중적으로 분포돼 있다.
- 우리 학교에 분포하고 있는 식물을 조사해 봤다.

꼬리에 꼬리를 무는 수학 개념!

분포

막대그래프

막대그래프란 비교할 양이나 수치의 분포를 막대 모양으로 나타낸 그래프를 말해요. 저번에 '변환'이라는 학습도구어를 배웠을 때 도수 분포표 만드는 법을 배웠어요. 이를 바탕으로 막대그래프를 만들어 볼 수 있어요.

막대그래프

막대그래프를 만들어 볼까요?

이용 시간(분)	학생 수(명)
20 이상 ~ 30 미만	3
30 ~ 40	4
40 ~ 50	3

▲ 구간을 설정하고 표 안에 자료를 채워 넣어 완성된 도수 분포표

인터넷 이용 시간을 조사한 막대그래프

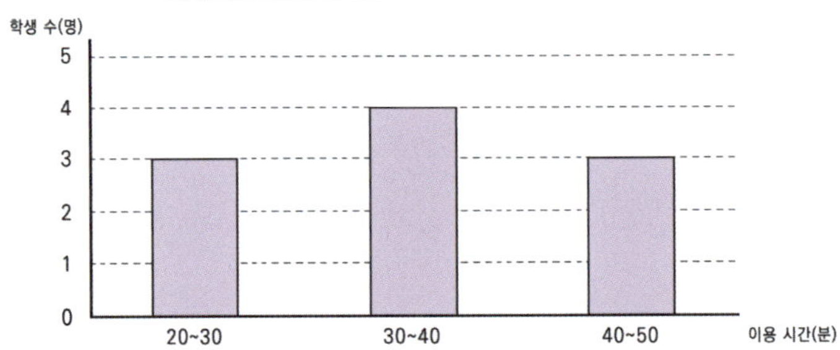

▲ 도수 분포표를 이용해 만든 막대그래프

비슷한 말을 알아봐요.

구간(區間) 수직선 위에서 두 실수 사이에 있는 모든 실수의 집합.
어떤 지점과 다른 지점과의 사이.

[수학] 수직선 위의 구간 0부터 3까지 음수는 0개이다.

[생활] 이 마라톤은 42.195km의 구간을 달리는 경기이다.

범위(範圍) 어떤 것이 미치는 한계. 일정하게 한정된 영역.

[수학] 10부터 19까지의 범위 안에서 자연수는 10개이다.

[생활] 이번 수학 시험 범위는 3단원에서 5단원까지이다.

BONUS 학습도구어 더하기 - 속담, 관용어, 사자성어

속 큰물에 큰 고기 논다

활동 분포가 넓어야 통이 큰 사람이 모이면서 스스로 더 크게 성장할 수 있음.

관 발(이) 넓다(너르다)

아는 사람이 많아 활동하는 분포 범위가 넓음.

난이도 ★★☆☆☆

19 비례

자동차의 속도를 구한 것처럼 수학에서 '비례'는 조건을 가진 수가 증가할 때 다른 수도 함께 증가하는 일을 말해요.

비례는 이럴 때 쓰는 말이에요.

"자동차가 1분 동안 5km를 달린다고 하자. 그렇다면 같은 빠르기로 7분 동안 몇 km를 갈 수 있을까?"

옥 선생님이 어느새 아이들 옆에 스르륵 나타나며 말했어요.

"앗! 깜짝이야! 선생님, 저희와 지내는 시간이 늘어나는 것에 비례해서 선생님이 저희를 놀라게 하는 실력도 늘어나시는 것 같아요. 히히. 설명해 주세요. 잘 모르겠어요."

"이건 비례식을 세워 풀면 쉬워. 구하려고 하는 건 7분 동안 달린 거리잖아? 1분 동안 5km 달리는 것에 비례해서 7분 동안 가는 거리를 구하는 거니까 이것을 □라고 해 볼게. 그러면 1:5=7:□로 풀면 된단다. 비례식은 내항은 내항끼리, 외항은 외항끼리 곱하면 되니까 1×□=5×7이야. 그럼 □에는 35가 들어가지? 그래서 정답은 35km란다."

선생님의 설명에 현우는 울상이 됐어요.

"휴, 어쩐지 학년이 올라갈수록 거기에 비례해서 수학도 더 어려워지는 것 같아요!"

이렇게 수학적 의미의 비례는 '한쪽의 양이나 수가 늘어나는 것에 대해 다른 쪽의 양이나 수도 늘어나는 것'을 말하고, 생활적 의미의 비례는 '어떤 일과 비교해서 대어 보는 것'을 말해요.

이런 뜻이에요.

비례의 비(比)는 '똑같다', '나란히 하다'를 뜻하고, 례(例)는 '규칙', '본보기'를 뜻해요. 두 글자를 합치면 '만들어지는 규칙에 따라 나란히 하다'라는 의미가 만들어져요. 이것이 바로 수학에서 말하는 비례랍니다. '나란히 한다'라는 것은 '함께 여럿이 줄지어 가지런히 가거나 여러 줄이 평행한 상태'를 말해요. 그래서 '한쪽의 양이나 수가 증가하거나 감소하는 만큼 그와 관련 있는 다른 쪽의 양이나 수도 증가하거나 감소하는 것'을 수학에서 비례라고 한답니다.

또한 비(比)의 '견주다', '어떤 차이가 있는지 대어 보다', '똑같다'라는 뜻과 례(例)의 '보기', '본보기'라는 뜻을 합치면 '예를 들어 견줘 보다'라는 의미가 만들어지지요? '견준다'라는 것은 '비교해서 대어 보는 것'을 말해요. 즉 생활에서 쓰이는 비례는 '일어난 상황에 대해 비교해서 재어 보는 것'을 뜻한답니다. '동생은 키가 크는 것에 비례해서 마음도 자랐다'라는 예문을 볼까요? 여기서는 '키가 크는 것에 견줘 비교해 보니 마음도 성장했다'라고 해석할 수 있어요.

과목별

어떤 수가 증가하거나 감소하는 만큼 다른 쪽의 수도 증가하거나 감소함.

예문

- 정사각형 ㉮와 ㉯의 한 변의 길이의 비가 5:3이고 ㉯의 둘레의 길이가 24cm일 때 ㉮의 둘레를 구하는 비례식은 5:3=㉮:24이다.

생활 속

일어난 상황에 대해 비교해서 재어 봄.

예문

- 나와 내 친구는 알고 지낸 시간에 비례해 우정도 깊어졌다.
- 낮의 더위에 비례해 땀도 엄청나게 흘렸다.

꼬리에 꼬리를 무는 수학 개념!

비례

비

비란 두 수를 나눗셈으로 비교하기 위해 기호 ':'을 사용해 나타낸 것을 말해요. 두 수 1과 2를 나눗셈으로 비교할 때 1:2라고 쓰고 일 대 이라고 읽는 것처럼 말이에요. 주의할 점은 기호 ':'의 오른쪽에 있는 수가 기준이라는 거예요.

비

비에 대해 배워 볼까요? 〈보기〉를 보고 빈칸을 채워 보세요.

여러 가지 방법으로 표현해요.

보기

1 : 2	3 : 6
1 대 2	□ 대 □
1과 2의 비	□과 □의 비
1의 2에 대한 비	□의 □에 대한 비
2에 대한 1의 비	□에 대한 □의 비

1 : 2와 2 : 1은 달라요.

● ○○ 검은 돌 : 하얀 돌 → 1 : 2

●● ○ 검은 돌 : 하얀 돌 → 2 : 1

Tip! 기호 ':'의 오른쪽에 있는 수가 기준이라고 했듯 1 : 2와 2 : 1은 엄연히 달라요!

정답 3 대 6, 3과 6의 비, 3의 6에 대한 비, 6에 대한 3의 비

비슷한 말을 알아봐요.

대응(對應) 두 집합이 있을 때 어떤 주어진 관계로 두 집합의 원소끼리 짝이 되는 일. 어떤 일이나 사태에 맞춰 태도나 행동을 취함.

[수학] 4개씩 1묶음인 우유가 1묶음씩 늘어나는 데 대응해서 우유는 4개씩 늘어난다.

[생활] 전 세계는 환경 문제에 더욱 적극적으로 대응해야 한다.

비교(比較) 둘 이상의 것을 견줘 공통점이나 차이점을 살핌.

[수학] 100㎠ 넓이의 정사각형과 200㎠ 넓이의 직사각형을 비교해 더 큰 도형은 직사각형이다.

[생활] 나는 볼펜 하나를 사더라도 여러 제품을 비교해 보고 산다.

BONUS 학습도구어 더하기 - 속담, 관용어, 사자성어

속 바람 따라 돛을 단다[올린다]

바람이 부는 형세를 봐 가며 거기에 비례해 돛을 단다는 뜻으로, 때를 잘 맞춰서 일을 벌여 나가야 성과를 거둘 수 있음.

관 열 번 죽었다 깨어도[살아도/피어도]

열 번 죽으면 그것에 비례해 열 번 살아날 만큼 온갖 노력을 다함.

난이도 ★☆☆☆☆

20 수직

가로와 세로가 교차하는 십자 모양처럼
수학에서 '수직'은 선과 선이 직각을
이루는 것을 말해요.

수직은 이럴 때 쓰는 말이에요.

"으악! 머리카락이 타는 것 같아. 수직으로 햇빛을 받고 있었더니 머리가 뜨끈뜨끈 해."

햇빛이 쨍한 날 운동장에서 수업하던 아이들은 쪼르르 나무 그늘 속으로 들어갔어요.

"더웠지? 하지만 날씨도 좋으니 여기서 수학 수업을 해도 나쁘지 않겠구나. 아까 너희들이 햇빛을 수직으로 받고 있다는 말에, 수학에서 수직은 무엇인지 알려 주고 싶어졌단다."

수직은 '두 선이 이루는 각도가 직각인 90도인 것'을 말해요. 가로와 세로가 교차하는 십자 모양에서 볼 수 있답니다.

"선생님이 수직을 그려 볼게. 그리고 이렇게 두 직선이 서로 수직으로 만났을 때, 한 직선을 다른 직선에 대한 수선이라고 한단다."

"아하!"

"두 직선은 서로 수직이야. 직선 '가'는 직선 '나'에 대한 수선이고 직선 '나'는 직선 '가'에 대한 수선이지. 수직과 수선은 각도기나 삼각자를 이용해서 그려."

"선생님! 그늘이라도 너무 더워요. 물속에 수직으로 풍덩 들어가고 싶어질 정도라니까요."

이렇게 수학적 의미의 수직은 '선과 선이 만나 90도를 이루는 것'을 말하고, 생활적 의미의 수직은 '똑바로 아래로 쭉 늘어뜨려진 상태'를 말해요.

이런 뜻이에요.

수직의 수(垂)는 '늘어뜨리다'를 뜻하고, 직(直)은 '곧다', '굽지 않다', '펴다'를 뜻해요. 두 글자를 합치면 '곧고 굽지 않은 것', '펴진 것을 늘어뜨리다'라는 의미가 만들어져요. 이것이 바로 수학에서 말하는 수직의 의미예요. '선과 선, 선과 면, 면과 면이 만나 직각을 이룬 상태'를 말한답니다. 직각은 두 직선이 만나 90도의 각을 이루는 것이니, 땅을 기준으로 곧은 것이 90도로 늘어뜨려져 있는 것을 상상해 보면 수학에서 사용하는 수직과 의미가 통한다는 것을 알 수 있어요.

또한 수(垂)의 '늘어뜨리다', '쏟다'라는 뜻과 직(直)의 '곧다', '굽지 않다', '기울지 않다'라는 뜻을 합치면 '기울거나 굽지 않은, 쭉 곧은 것이 쏟아져 있거나 늘어뜨려져 있다'라는 의미가 만들어지지요? 이것은 생활에서 쓰이는 수직으로 '똑바로 아래로 쭉 드리워진 상태'를 말해요. '아래쪽에서 위로 똑바로 치솟는 것'도 수직이라고 한답니다.

과목별

선과 선, 선과 면, 면과 선이 서로 직각을 이루고 만남.

예문

- 두 개의 선이 수직으로 교차하는 지점을 중심점이라고 한다.
- 직교란 수직을 이루는 두 직선이 만나는 것을 말한다.

생활 속

똑바로 아래로 늘어뜨려지거나 위로 치솟음.

예문

- 그 새는 물 위를 낮게 날다가 하늘을 향해 수직으로 날아올랐다.
- 다이빙할 때는 수직으로 물에 들어가야 물이 많이 튀지 않는다.

꼬리에 꼬리를 무는 수학 개념!

수직

각도

각도란 한 점에서 갈려 나간 두 직선의 벌어진 정도를 말해요. 그 기준은 90도인 직각에서부터 판단해요. 여기서 직각은 수직과도 같아요. 수학에는 여러 각이 존재해요. 각이란 면과 면이 닿아 생긴 모서리를 뜻하기도 하지만 수학에서는 한 점에서 나간 두 개의 반직선이 이루는 도형을 이르기도 한답니다.

각도

각에 대해 알아볼까요?

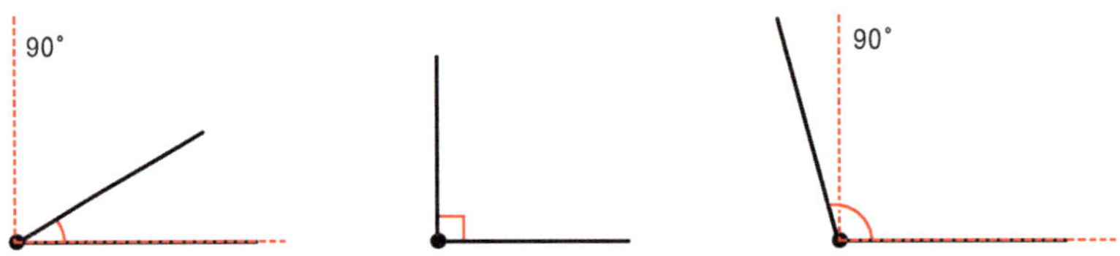

예각 : 직각보다 작은 각　　**직각** : 90°　　**둔각** : 직각보다 큰 각

Tip! 각이라는 개념은 삼각형에도 적용돼요!

예각 삼각형　　**직각 삼각형**　　**둔각 삼각형**

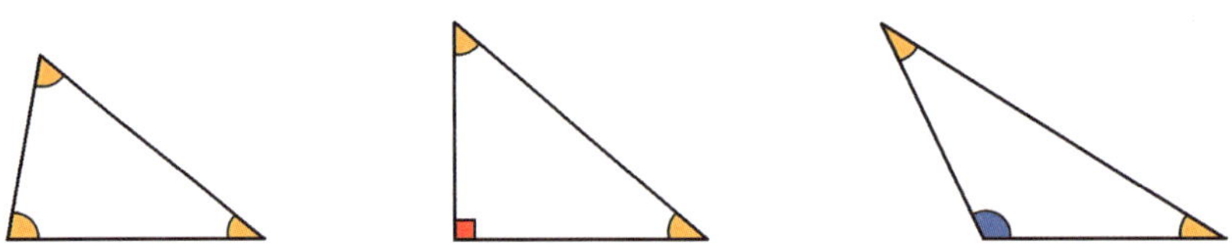

세 각이 모두 예각인 삼각형　　한 각이 직각인 삼각형　　한 각이 둔각인 삼각형

비슷한 말을 알아봐요.

직각(直角) 두 직선이 만나서 이루는 90도의 각.

[수학] 삼각자에서 세 각 중 한 각은 90도 직각이다.

[생활] 나는 몸을 직각이 되게 굽혀 선생님께 인사했다.

직교(直交) 두 직선 또는 두 평면이 직각을 이뤄 서로 엇갈리거나 마주침.

[수학] 그래프에서 직교되는 지점은 0이다.

[생활] 그물은 가로 방향인 씨실과 세로 방향인 날실을 직교로 짠다.

BONUS 학습도구어 더하기 - 속담, 관용어, 사자성어

속 삼밭에 쑥대

쑥이 삼밭에 섞여 자라면 삼대처럼 수직으로 자라면서 곧아진다는 뜻으로, 좋은 환경에서 자라면 좋은 영향을 받게 됨.

관 줄로 친[그은] 듯이

모양이 수직으로 곧고 바름.

난이도 ★★☆☆☆

21 순서

왼쪽에서 둘째, 위에서 세 번째처럼
수학에서 '순서'는 기준에 따라
구분한 것을 말해요.

순서는 이럴 때 쓰는 말이에요.

"카드 스피드 게임을 시작해 볼까?"

"준비됐어요. 선생님, 시작해요!"

"좋았어. 시작! 여덟 개의 사탕 카드에서, 왼쪽에서 둘째 순서의 사탕은 무슨 색일까?"

"파란색입니다!"

"다섯 개의 모양 카드에서, 오른쪽에서 첫째 순서는 무슨 모양이지?"

"삼각형이에요."

아이들은 누구보다 빠르게 대답했어요. 질문의 순서를 바꿔 열 개의 곤충 카드에서 사마귀는 어디에 있는지, 위에서 다섯째 순서의 책 색깔은 무엇인지도 찾았답니다.

"하하하. 재미있었니? 다음 순서는 또 어떤 재미있는 수업이 기다리고 있을지 궁금하지?"

"네! 아, 선생님. 합창 대회에서 우리 반 순서가 지난번 대회에서 우승했던 2반의 다음 순서래요. 우리 반 합창 실력도 2반에 못지않다는 걸 보여 줘야겠어요. 얼른 음악실로 가요!"

이렇게 수학적 의미의 순서는 '나열된 것 중에 정해진 기준에서 구분되는 차례'를 말하고, 생활적 의미의 순서는 '어떤 일을 하거나 일이 이뤄지는 차례'를 말해요.

이런 뜻이에요.

순서의 순(順)은 '순하다', '따르다'를 뜻하고, 서(序)는 '차례', '질서'를 뜻해요. 두 글자를 합치면 '차례나 질서를 따르다'라는 의미가 만들어져요. 그래서 수학에서 순서는 '죽 벌여 놓은 것 중 앞뒤, 왼쪽, 오른쪽, 위아래, 먼저, 나중 등의 차례 관계를 나타내는 것'을 말한답니다. 이때 반드시 정해진 기준이 있어야만 순서를 정할 수 있어요.

또한 순(順)의 '따르다', '이어받다'라는 뜻과 서(序)의 '차례', '질서'라는 뜻을 합치면 '어떤 일을 할 때 일이 이뤄지는 차례'라는 의미가 만들어지지요? 보통 생활에서 쓰이는 순서는 정확히 정해진 기준을 두지 않고 시간상 앞으로 일어날 일인지, 일어났었던 일인지를 구분하기만 한답니다.

과목별

정해진 기준에 따라 여럿을 구분해 벌여 놓은 것.

예문

- 체육 시간에 키가 큰 순서대로 줄을 섰다.
- 앞 사람부터 순서를 지켜 영화관에 들어갔다.

생활 속

어떤 일이 일어나는 시간상의 차례.

예문

- 연극 발표회는 선생님 말씀, 연극 공연 진행, 끝인사의 순서로 진행됐다.
- 발표할 순서가 다가오자 너무 긴장돼 손이 떨렸다.

꼬리에 꼬리를 무는 수학 개념!

순서

규칙성

규칙성이란 규칙이 있거나 규칙에 맞는 성질을 말해요. 규칙은 여러 사람이 다 같이 지키기로 약속했거나 제정된 질서를 뜻한답니다. 규칙성을 찾기 위해서는 숫자들이 어떤 순서로 배열돼 있는지 잘 찾아보는 게 중요해요.

규칙

규칙성을 찾아보고 빈칸을 채워 볼까요?

(　)				48
↓				↓
7 →	17 →	(　) →	(　) →	(　)
↓				↓
6				46

↓방향으로 내려갈수록 숫자가 1씩 작아지고 → 방향으로 갈수록 숫자가 10씩 커지는 규칙이 보여요. 그 규칙에 따라 빈칸을 채워 보세요. 7의 위쪽에 있는 빈칸은 8이고 17의 오른쪽에 있는 빈칸은 차례로 27, 37, 47이 된답니다.

비슷한 말을 알아봐요.

순번(順番) 순서대로 매겨지는 번호. 차례대로 돌아가는 순서.

[수학] 그 전시회는 순번을 매긴 후 사람들을 입장시켰다.

[생활] 우리 반 친구들은 순번을 정해 재활용품을 정리한다.

차례(次例) 일이 일어나는 횟수를 세는 단위. 순서 있게 구분해 벌여 나가는 것.

[수학] 엄마는 같은 말을 세 차례나 반복해서 말하셨다.

[생활] 줄넘기 시험을 치기 위해 내 차례를 기다리며 앉아 있었다.

BONUS 학습도구어 더하기 - 속담, 관용어, 사자성어

속 겨울이 지나지 않고 봄이 오랴

세상일에는 다 순서가 있기 때문에 급하다고 억지로 먼저 할 수 없음.

속 상두꾼에도 순번이 있고 초라니탈에도 차례가 있다

무엇이든 순서가 있으니 차례를 따라야 함.

관 줄을 서다

차례, 순서, 기회 등을 기다림.

난이도 ★★☆☆☆

22 순환

순환 소수처럼 수학에서 '순환'은 일정한 규칙을 가진 숫자가 계속 반복되는 것을 말해요.

순환은 이럴 때 쓰는 말이에요.

"얘들아, 답답하지 않니? 공기를 좀 순환시켜야겠어. 창문을 활짝 열어 볼까? 앗, 순환이라…… 지금이 순환 소수에 대해 배우기 딱 좋은 시간이구나! 순환 소수란 '소수점 아래의 어떤 자리에서부터 일정한 숫자의 배열이 끝없이 되풀이되는 무한 소수'를 말해. 마치 마법 주문 같지? 선생님이 칠판에 적으면서 말해 볼게. 1.242424…, 5.797979…."

"으, 그만! 빙글빙글 어지러워요."

"좋아. 어지러움을 없애 주마! 수리수리 마수리! 숫자의 배열이 되풀이되는 한 부분을 '순환 마디'라고 하는데 거기에 점을 콕 찍으면 순환되는 숫자를 더 적지 않아도 돼."

순환 소수는 순환 마디 양 끝의 숫자 위에 점을 찍어 표현해요. 5가 무한대로 순환하는 0.25555…는 5 위에 점을 콕 찍은 $0.2\dot{5}$로 순환 소수를 나타내고, 반복되는 숫자가 2개인 1.94787878…은 $1.94\dot{7}\dot{8}$로 나타낸답니다.

"어? 선생님, 밖에 눈이 와요! 모두 운동장에 나가서 계절의 순환을 느껴 보는 건 어때요?"

이렇게 수학적 의미의 순환은 '같은 숫자가 규칙적으로 계속 배열되는 것'을 말하고, 생활적 의미의 순환은 '일정 시간 동안 현상, 사물, 자연의 변화 등이 되풀이해 도는 것'을 말해요.

이런 뜻이에요.

순환의 순(循)은 '돌다', '차례가 있다', '질서가 있다'를 뜻하고, 환(環)은 '돌다'를 뜻해요. 두 글자를 합치면 '질서와 차례가 있게 돌다'라는 의미가 만들어져요. 무조건 돌고 도는 것이 아니라 '나름의 규칙과 질서를 가지고 돈다'라는 뜻이에요. 그래서 수학에서 쓰이는 **순환**은 '일정한 숫자의 배열이 끝없이 되풀이되는 것', '같은 숫자의 배열이 계속 반복돼 나타나는 것'을 말해요. 그러나 숫자가 무조건 도는 것은 아니고 질서와 차례가 있어야 한답니다.

또한 순(循)의 '돌다', '차례가 있다', '질서가 있다'라는 뜻과 환(環)의 '고리', '돌다', '두루 미치다'라는 뜻을 합치면 '질서와 차례가 있게 돈다'라는 의미가 만들어지지요? 이는 '일정한 시간이나 주기를 가진다'라는 것과 같아요. 즉 생활에서의 **순환**은 '어떤 현상이나 변화 과정, 사물, 자연물 등이 일정한 시간을 두고 반복되거나 자꾸 되풀이해 도는 것'을 말해요.

과목별

일정한 숫자가 끝없이 나열됨.

예문

- 소수점 아래 숫자가 규칙이 없이 이어지는 소수는 **순환**하지 않는 소수이다.
- **순환** 소수는 **순환**되는 숫자 위에 점을 찍어 표현한다.

생활 속

어떤 현상이나 변화의 과정이 주기적으로 되풀이됨.

예문

- 우리나라는 사계절이 일정한 기간을 가지고 **순환**한다.
- 물은 증발해 수증기가 되고 식으면 다시 물이 되는 **순환**을 반복한다.

꼬리에 꼬리를 무는 수학 개념!

순환

수열

수열은 일정한 규칙에 따라 한 줄로 늘어놓은 수를 말해요. 그런데 이 규칙이 계속 반복되면 어떻게 될까요? 이처럼 시계가 계속 돌아가듯 같은 패턴이 반복되는 것을 순환이라고 해요. 즉 순환은 똑같은 규칙이 계속 반복되는 것이에요.

수열

시계로 수열과 순환의 개념을 배워 볼까요?

시계는 반복과 규칙이라는 특징을 가지고 있어요. 시계는 하루 24시간 동안 계속 움직이지만 시계 바늘은 12시간마다 다시 처음 위치로 돌아가요. 시계의 숫자도 12까지 간 뒤 다시 1로 돌아오는 원형 구조를 가지고 있어요. 이를 수열로 나타내 볼까요?

$$1 \rightarrow 2 \rightarrow 3 \rightarrow \cdots \rightarrow 12 \rightarrow 1 \rightarrow \cdots$$

수열을 보면 숫자가 일정한 규칙에 따라 반복된다는 것을 알 수 있어요. 시계 바늘의 움직임도 순환을 잘 보여 줘요. 시침은 12시간마다 한 바퀴를 돌고 분침은 60분마다 한 바퀴를 돌며 같은 패턴을 반복해요. 또 분침이 한 바퀴(60분)를 도는 동안 시침은 한 칸(1시간) 움직여요. 이처럼 시계는 큰 순환(12시간)과 작은 순환(60분)이 함께 이뤄진 구조예요. 그래서 수열의 규칙을 쉽게 이해할 수 있는 훌륭한 실생활 예시이자 교구랍니다!

비슷한 말을 알아봐요.

반복(反復) 같은 것을 계속 되풀이함.

[수학] 2+2+2+2+2처럼 같은 수가 반복되는 덧셈은 2×5의 곱셈으로 나타낼 수 있다.

[생활] 수학 시험에서 틀린 문제를 여러 번 반복해서 풀었다.

배열(排列) 일정한 차례나 간격에 따라 죽 벌여 놓음.

[수학] 1, 3, 5, 7, 9는 2씩 커지는 수의 배열이다.

[생활] 마트에는 상품들이 보기 좋게 배열돼 있었다.

BONUS 학습도구어 더하기 - 속담, 관용어, 사자성어

속 양지가 음지 되고 음지가 양지 된다

운이 나쁜 사람도 좋은 수를 만날 수 있고 운이 좋은 사람도 늘 좋기만 한 것이 아니라 어려운 시기가 있다는 뜻으로, 세상의 일은 늘 순환함.

관 판에 박은 듯하다

사물의 모양이 같거나 똑같은 일이 계속 순환됨.

사 우여곡절(迂餘曲折)

복잡한 순환 과정이나 변화를 겪음.

3+4+5+6+7
(-2)(-1) (+1)(+2)
=5+5+5+5+5
=5×5

$\frac{1}{8}$
1÷8
1÷8
1/8

3장

ㅇ~ㅈ으로 시작하는 학습도구어

연결 | 연속 | 오차 | 원리 | 이동

입체 | 조건 | 중심 | 증가 | 집합

난이도 ★★☆☆☆

23 연결

꺾은선 그래프의 수치를 이은 것처럼
수학에서 '연결'은 관련된 수치를 이어서
나타내는 일을 말해요.

연결은 이럴 때 쓰는 말이에요.

"선생님, 주말 벼룩시장에서 물건들이 가장 많이 팔린 시간대를 알아 두면 다음 벼룩시장 때 좋을 것 같아요. 그 시간대에 맞춰 필요한 물건을 넉넉하게 준비해 둘 수 있으니까요."

"좋아. 그러면 한눈에 알아보기 쉽게 판매량을 연결해서 꺾은선 그래프로 나타내 보자. 꺾은선 그래프란 '수량을 점으로 표시하고 그 점들을 선분으로 연결해서 그린 그래프'를 말해. 점이 선으로 연결돼 있으니까 차이를 한눈에 알아볼 수 있지."

그래프의 세로축에는 판매량을 나타내는 숫자를 적고 가로축에는 시간을 적었어요. 그리고 맞는 자리에 점을 찍고 그 점들을 선으로 연결해 꺾은선 그래프를 완성했답니다.

"선생님! 꺾은선 그래프에서 연결된 선을 보니 판매량이 점점 늘다가 오후 1시에서 2시 사이에 가장 높아요. 이때 판매하는 친구들도 더 늘리고 물건도 더 준비해 둬야겠어요."

"아, 그리고 다음 이웃 돕기 벼룩시장은 크리스마스 전에 열리는 거라서 트리도 만들 거란다. 긴 전선을 연결해서 조명도 반짝이게 할 거니까 멋지게 준비해 보자."

이렇게 수학적 의미의 연결은 '수치로 나타난 결과를 이은 것'을 말하고, 생활적 의미의 연결은 '사물과 사물을 잇는 것'을 말해요.

이런 뜻이에요.

연결의 연(連)은 '이어지다', '서로 이어져 맞닿다'를 뜻하고, 결(結)은 '모으다', '묶다'를 뜻해요. 두 글자를 합치면 '이어진 것을 모으고 묶는다'라는 의미가 만들어져요. 그래서 수학에서 쓰이는 연결은 '분석한 사실이나 결과로 나온 것을 수치로 이어서 나타내거나 특정한 수가 이어진 것'을 뜻한답니다. 꺾은선 그래프를 연결하거나 '1, 2, 3, 4, 5…'가 자연수의 연결인 것처럼 말이에요. 그리고 '선분이나 도형을 그리는 점, 선, 면이 이어지는 것'도 연결이라고 한답니다.

또한 연(連)의 '이어지다', '관련시키다'라는 뜻과 결(結)의 '맺다', '모으다', '묶다'라는 뜻을 합치면 '관련된 것을 맺고 묶는다'라는 의미가 만들어지지요? 즉 생활에서 쓰이는 연결은 '사물과 사물을 서로 잇거나 현상과 현상이 관련을 맺는 것', '사람과 사람의 관계를 이어 가는 것', '장소와 장소를 잇는 것'을 말한답니다.

과목별

점, 선, 면이나 수치, 특정한 수를 이은 것.

예문

- 세 개의 점을 연결하면 세모 모양이 된다.
- 2, 4, 6, 8, 10은 짝수가 연결된 것이다.

생활 속

장소와 장소, 사물과 사물을 이음.

예문

- 이 터널은 육지와 섬을 바다 밑으로 연결하고 있다.
- 예문 미술관은 지하철과 바로 연결돼 있어서 찾기 쉬웠다.

꼬리에 꼬리를 무는 수학 개념!

연결

선분과 직선

선분이란 직선 위에서 그 위의 두 점을 연결한 부분을 말하고 직선은 양쪽으로 끝이 없는 곧은 선을 말해요. 수학에서 선분과 직선은 엄연히 다른 뜻이랍니다.

선분과 직선

그림으로 선분과 직선의 차이를 쉽게 알아볼까요?

1. 선분

선분은 '두 점을 곧게 이은 선'이에요. '선분 ㄱㄴ' 또는 '선분 ㄴㄱ'으로 불러요. 선분은 시작점과 끝점이 있어서 길이를 측정할 수가 있답니다.

2. 직선

직선은 '선분을 양쪽으로 끝없이 늘인 곧은 선'이에요. 직선은 두 점을 지나 양쪽으로 곧은 선이 끝없이 뻗어 있어서 길이를 잴 수가 없답니다. '직선 ㄱㄴ' 또는 '직선 ㄴㄱ'이라고 불러요.

3. 반직선

반직선은 '선분과 직선이 섞인 것'이에요. 위 그림은 '점ㄱ'이 시작점이고 '점ㄴ'을 지나 끝없이 간다는 것을 의미해요. 시작점을 먼저 써서 '반직선 ㄱㄴ'이라고 불러요.

비슷한 말을 알아봐요.

관계(關係) 서로 관련을 맺거나 관련이 있음.

[수학] 2씩 5묶음은 2의 5배이고 관계식은 2+2+2+2+2=10이다.

[생활] 나와 내 친구는 매우 닮아서 사람들이 형제 관계로 보기도 한다.

연속(連續) 끊이지 않고 죽 이어지거나 지속함.

[수학] 연속하는 두 자연수는 5, 6처럼 연이어서 세는 수를 말한다.

[생활] 어젯밤에는 꿈을 연속으로 세 번이나 꿨다.

BONUS 학습도구어 더하기 - 속담, 관용어, 사자성어

속 쥐가 쥐 꼬리를 물고

마치 연결된 듯 여러 사람이 이어서 나옴.

관 다리(를) 놓다

일이 잘되게 하려고 둘 또는 여럿을 연결함.

난이도 ★★☆☆☆

24 연속

나열된 숫자처럼 수학에서 '연속'은 숫자가 죽 이어져 나오는 것을 말해요.

연속은 이럴 때 쓰는 말이에요.

수학을 좋아하는 지원이가 공책을 펴 놓고 무엇인가를 끄적거리고 있어요.

"선생님, 제가 신기한 것을 알아냈어요. 연속된 수의 합을 구하는 방법이에요."

"오호, 지원이가 어떤 방법을 생각해 냈는지 한번 들어 볼까?"

"연속된 수의 개수가 홀수일 경우, 그러니까 예를 들어 3, 4, 5, 6, 7 이렇게 다섯 개의 숫자를 더한다고 해 볼게요. 이 숫자들의 가운데 수인 5를 중심으로 3, 4, 5, 6, 7은 (5-2), (5-1), 5, (5+1), (5+2)잖아요. 이건 5가 다섯 개가 있는 것과 같아요. -2, -1은 +2, +1로 없어지니까요. 그래서 3+4+5+6+7은 5+5+5+5+5와 같아요. 5×5=25이니까 답은 25예요. 이 말은 연속된 수의 개수가 홀수일 때는 가운데 수를 연속된 수의 개수만큼 곱해 주면 연속된 수의 총합이 나오는 거죠! 어때요?"

"지원이는 지난 시간에도 흥미로운 수학 법칙을 알려 주더니 이번에도 또 연속으로 신기한 식을 알려 주는구나. 가르친 보람이 있어. 후후후."

이렇게 수학적 의미의 연속은 '숫자나 식 등이 계속해서 이어져 있는 것'을 말하고, 생활적 의미의 연속은 '사물, 시간 등이 끊이지 않고 이어지거나 지속되는 것'을 말해요.

이런 뜻이에요.

연속의 연(連)은 '서로 이어져 맞닿다', '이어지다', '계속하다'를 뜻하고, 속(續)은 '잇다', '계속하다', '이어지다', '더하다'를 뜻해요. 두 글자를 합치면 '계속해서 이어져 있고 맞닿아 있다'라는 의미가 만들어져요. 그래서 수학에서 쓰이는 연속은 '숫자나 공식 등이 죽 이어져서 나열된 것'을 말한답니다.

생활에서 쓰이는 연속은 '사물, 사람, 시간, 장소 등이 이어지는 것'이나 '동작이나 일 등을 끊지 않고 계속 이어지게 하는 것'을 말해요. 수학에서 쓰이는 연속은 숫자를 대상으로 하고 있지만 생활에서 쓰이는 연속은 그와 반대된 대부분의 것을 나타내요.

과목별

숫자가 죽 이어짐.

예문

- 1, 2, 3, 또는 8, 7, 6처럼 나란히 이웃한 수를 연속하는 수라고 한다.
- 연속하는 수는 1씩 커지거나 1씩 작아지는 규칙이 있다.

생활 속

어떤 일을 끊임없이 계속함.

예문

- 너무 더워서 아이스크림 세 개를 연속으로 먹었다.
- 우리 학교 야구팀은 4년 연속으로 전국 대회에서 우승했다.

꼬리에 꼬리를 무는 수학 개념!

연속

가우스

가우스는 독일의 유명한 수학자예요. 그는 연속된 수의 합을 빠르게 구하는 방법을 생각하다가 1부터 10, 1부터 100까지의 합을 쉽고 빠르게 계산하는 공식을 발견했어요. 이 방법이 바로 '가우스의 합'이라는 공식이에요.

가우스의 합

가우스의 합에 대해 알아볼까요?

$$
\begin{array}{rrrrrrrr}
 & 1+ & 2+ & 3+ & 4+ & \cdots + & 99+ & 100 \\
+) & 100+ & 99+ & 98+ & 97+ & \cdots + & 2+ & 1 \\
\hline
 & 101+ & 101+ & 101+ & 101+ & \cdots + & 101+ & 101
\end{array}
$$

가우스는 숫자를 묶어서 더하면 쉽게 합을 구할 수 있다고 생각했어요. 예를 들어 1과 100을 더하면 101이 되고 2와 99를 더하면 또 101이 되는 것처럼 101이라는 짝이 계속 생겨날 거라고 생각한 거예요. 그렇다면 100까지의 수를 50번 짝지어 줬으니 1부터 100까지의 합은 101×50이 돼요. 간단하고 빠른 방법으로 5050이란 답을 구할 수 있는 거죠.

비슷한 말을 알아봐요.

계속(繼續) 끊이지 않고 이어 나감.

[수학] 선분을 계속 늘여도 만나지 않는 두 면을 서로 '평행하다'라고 한다.

[생활] 비가 한 시간째 계속 내리고 있다.

연장(延長) 시간이나 거리 등을 본래보다 길게 늘임. 어떤 일이 계속 이어짐.

[수학] 선분을 한쪽이나 양쪽으로 곧게 이어 계속 그은 선을 선분의 연장선이라고 한다.

[생활] 현장 체험 학습도 학교 공부의 연장이다.

BONUS 학습도구어 더하기 - 속담, 관용어, 사자성어

속 배우는 것은 죽을 때까지 배워도 다 못 배운다

나이가 든 후에도 끊임없이 연속으로 배우고 수양을 높이는 것이 중요함.

관 엎친 데 덮치다

어렵거나 나쁜 일이 연속으로 일어남.

사 무궁무진(無窮無盡)

연속적이고 끝없이 이어짐.

난이도 ★☆☆☆☆

25 오차

고속도로에서 휴게소의 거리를 계산한 것처럼 수학에서 '오차'는 참값과 어림값의 차이를 말해요.

오차는 이럴 때 쓰는 말이에요.

"선생님, 저 어제 고속도로에서 큰 실수를 할 뻔했어요. 화장실에 너무 가고 싶었는데 아빠가 휴게소까지 대충 10분 정도 걸릴 거라고 하시는 거예요. 그 정도면 참을 수 있겠다 싶었는데 20분이나 더 가서 휴게소가 나왔어요! 휴, 화장실까지 빛의 속력으로 달려갔다니까요."

"하하하. 은호 아버지께서 10km에 10분의 오차가 생기게 말씀하셨구나. 이 차이를 수학에서는 오차라고 불러. 오차는 '정확한 값'과 '어림한 값'의 차이란다. 예를 들어 어떤 큰 수 3166을 생각해 보자. 어림하면 어떻게 되지?"

"일의 자리에서 올림 하면 3170, 일의 자리에서 버림 하면 3160이에요."

"맞아. 그러면 참값인 3166과 어림한 값 사이에는 각각 4와 6의 차이가 생기지? 이렇게 숫자에서도 오차가 생기는 거야."

그때 옥 선생님은 공책에 열심히 무엇인가를 쓰고 있는 지원이를 발견했어요.

"앗! 지원이가 우리 반 크리스마스 벼룩시장 계획 중이구나! 꼼꼼한 지원이 덕분에 행사가 조금의 오차도 없이 착착 진행되고 있어. 모두 지원이 말을 잘 들어야 한단다! 하하하."

이렇게 수학적 의미의 오차는 '정확한 값과 생각한 값의 차이'를 말하고, 생활적 의미의 오차는 '실제 사실과 내 생각 사이에서 생긴 판단의 차이'를 말해요.

이런 뜻이에요.

오차의 오(誤)는 '그르치다', '잘못하다'를 뜻하고, 차(差)는 '견주다'를 뜻해요. 두 글자를 합치면 '견줘 보니 잘못됐다'라는 의미가 만들어져요. 여기서 '견주다'라는 것은 '어떤 차이가 있는지 알기 위해 서로 대어 보는 것'을 뜻해요. '견줘 보니 잘못됐다'라는 것은 '내가 생각한 것과 사실이 차이가 난다'라는 의미예요. 그래서 수학에서 쓰이는 오차는 '참값과 근삿값의 차이', '참값과 어림한 값의 차이'를 말해요. 어림값은 올림, 버림, 반올림으로 나타내는 수라 참값과의 사이에 차이가 생기거든요. 또한 '내가 계산하거나 측정한 것과 정확한 값의 차이'도 오차라고 해요. 예를 들어 볼까요? 20kg짜리 상자의 무게를 손으로 들어 보고 18kg이라고 가늠했다고 해 봅시다. 이때 우리는 2만큼 오차가 생겼다고 표현할 수 있어요.

또한 오(誤)의 '그르치다', '잘못하다'라는 뜻과 차(差)의 '다르다', '어긋나다'라는 뜻을 합치면 '그르치거나 잘못해서 달라져 어긋나다'라는 의미가 만들어지지요? 즉 생활에서 쓰이는 오차는 두 글자 뜻 그대로 '실수 또는 잘못'을 말해요. 특히 수학적 의미와 비슷하게 사실과 그것에 대한 내 생각이나 판단이 차이가 생겼을 때도 '오차가 생겼다'라는 표현으로 많이 사용한답니다.

과목별

정확하게 측정한 수치와 내가 계산한, 어림한 값의 차.

예문
- 계산 문제에서 자꾸 오차가 생겨서 계산기로 확인했다.
- 몸무게 23.6kg을 반올림해 24kg이라고 기록하면 0.4kg의 오차가 생긴다.

생활 속

실수나 잘못. 실제 사실과 내 생각 사이에서 생긴 판단의 차이.

예문
- 음악 발표회는 한 치의 오차도 없이 시간에 딱 맞게 끝났다.
- 나는 방학 동안 생활 계획표를 조금의 오차도 없이 지켰다.

꼬리에 꼬리를 무는 수학 개념!

오차

올림, 버림, 반올림

올림이란 구하려는 자리의 수를 올려서 나타내는 방법을 말해요. 반대로 버림은 구하려는 자리의 수를 버려서 나타내는 방법이에요. 반올림은 구하려는 자리의 바로 아래 자리의 숫자가 0, 1, 2, 3, 4면 버리고 5, 6, 7, 8, 9면 올리는 방법이랍니다. 이렇게 올림, 버림, 반올림을 해 구한 값에는 오차가 생길 수 있어요.

올림, 버림, 반올림

올림, 버림, 반올림을 알아볼까요?

1. 올림 : 숫자가 커지는 것.

[6956]을 올림 해 십의 자리까지 나타내면 [6960]이 돼요.

[3001]을 올림 해 백의 자리까지 나타내면 [3100]이 돼요.

[76532]를 올림 해 천의 자리까지 나타내면 [77000]이 돼요.

2. 버림 : 숫자가 작아지는 것.

[142]를 버림 해 십의 자리까지 나타내면 [140]이 돼요.

[3099]를 버림 해 백의 자리까지 나타내면 [3000]이 돼요.

[76532]를 버림 해 천의 자리까지 나타내면 [76000]이 돼요.

3. 반올림 : 어떤 수에 더 가까운지 묻는 것(0, 1, 2, 3, 4이면 버리고 5, 6, 7, 8, 9이면 올림).

[2346]을 십의 자리까지 반올림하면 일의 자리에서 올림 하라는 뜻이기 때문에 [2350]이 돼요.

[8346]을 백의 자리까지 반올림하면 십의 자리에서 버림 하라는 뜻이기 때문에 [8300]이 돼요.

비슷한 말을 알아봐요.

차(差) 어떤 수에서 다른 수를 뺀 나머지.
둘 이상의 사물을 비교할 때 서로 다르게 나타나는 정도.

[수학] 100에서 80을 빼면 그 차는 20이다.

[생활] 우리 팀과 상대 팀의 실력 차가 커서 점수 차도 크게 벌어졌다.

차이(差異) 서로 같지 않고 다름.

[수학] 이 병과 저 병의 부피는 100ml만큼 차이가 난다.

[생활] 두 과자의 차이는 모양만 다르다는 것이다.

BONUS 학습도구어 더하기 - 속담, 관용어, 사자성어

속 공든 탑도 개미구멍으로 무너진다

조그마한 오차로 큰일을 망쳐 버림.

관 얼마 상관 아니다

오차가 크지 않음.

사 동상이몽(同牀異夢)

같은 목표를 가지고 있지만 각자의 생각은 다르다는 뜻으로, 서로 다른 예측이나 관점에서 오차가 발생함.

난이도 ★★☆☆☆

26 원리

분수 $\frac{1}{8}$은 전체 8개 중 1개를 나타내는 것처럼 수학에서 '원리'는 수학에서 가장 기본이 되는 개념을 말해요.

원리는 이럴 때 쓰는 말이에요.

"야호! 피자 파티다!"

체육 대회를 무사히 마친 아이들을 위해 옥 선생님이 피자를 가져왔어요.

"잠깐! 그냥 먹기만 할 수는 없지. 잠시 피자로 분수의 원리를 설명해도 될까? 후후후. 자, 여기 피자가 8조각 있어. 선생님이 여기서 1개를 가져갈 거야. 이걸 분수로 나타내면 바로 $\frac{1}{8}$이란다. 전체 8개 중의 1개. 이게 분수의 가장 기본 원리야. 하나에서 똑같이 쪼개지는 것이지. 전체 8은 분모, 그중 1개인 1은 분자란다. 쉽지? 이제 8분의 1만큼씩 가져가서 먹자."

"선생님 분수의 원리에 대해 듣다 보니 뭔가 나누기와 비슷한 것 같은데요?"

"맞아. $\frac{2}{10}$는 10을 2로 나눴다는 뜻과 같아. 지금 피자를 나눈 것처럼 말이지. 분수의 원리는 나눗셈과 아주 밀접해. 우리는 분수 덕분에 작은 수를 큰 수로 나눌 수 있는 것이란다."

"선생님, 저희 모둠은 피자가 많이 남는데 제가 다 먹어도 돼요?"

"하하하. 서준아, 원리 원칙대로 해야지. 다들 똑같이 먹고 나서 남으면 다시 나눠 먹자."

이렇게 수학적 의미의 원리는 '수학에서 문제를 풀 때나 식을 증명할 때 반드시 따라야 하는 기본적인 개념'을 말하고, 생활적 의미의 원리는 '근본이 되는 규범, 어떤 일의 근본이 되는 생각'을 말해요.

이런 뜻이에요.

원리의 원(原)은 '근본', '원래'를 뜻하고, 리(理)는 '깨닫다', '따르다'를 뜻해요. 두 글자를 합치면 '따라야 하는 근본', '기초'라는 의미가 만들어져요. 그래서 수학에서 쓰이는 원리는 '식, 공식, 연산, 도형 등에서 가장 근본이 되고 기초가 되는 개념', '모두가 아는 일반화된 성질'을 말한답니다. 두 글자를 합친 뜻처럼 꼭 따라야 하는 것을 말해요. 원리를 알아야 문제도 풀고 증명도 하며 규칙을 찾을 수 있어요. 예를 들면 덧셈의 원리는 하나의 수에 하나씩 수를 더해 가는 거고 뺄셈의 원리는 하나의 수에서 다른 수를 빼는 것처럼 말이에요.

또한 원(原)의 '근본', '기초를 두다'라는 뜻과 리(理)의 '다스리다', '따르다'라는 뜻을 합치면 '근본으로 다스리다', '기초가 되다', '근본을 따르다'라는 의미가 만들어지지요? 이것이 바로 생활에서 쓰이는 원리예요. '사물이나 어떤 일이 일어날 때 근본이 되는 이치'를 말한답니다. 냉장고의 원리, 비행기의 원리, 장난감의 작동 원리처럼 말이에요. 또한 '많은 사람이 함께 사는 사회에서 반드시 지켜야 하는, 근본이 되는 규범'도 원리예요. 우리가 질서와 양심을 지킬 때 '도덕적 원리에 따라 행동한다'라고 표현하는 것이 그 예랍니다.

과목별

수학에서 반드시 따라야 하는 일반적인 성질. 기본 개념.

예문
- 곱셈의 원리는 같은 수를 여러 번 더하는 것이다.
- 나눗셈은 어떤 수를 같은 크기로 나누는 원리를 적용한다.

생활 속

어떤 현상의 근본이 되는 이치.

예문
- 모차르트는 다섯 살 때 협주곡의 기본 원리를 이해했다.
- 이 장난감은 용수철의 원리에서 착안된 것이다.

꼬리에 꼬리를 무는 수학 개념!

원리

분수의 역수 원리

분수끼리도 나눗셈이 가능해요. 분수의 나눗셈이란 분수끼리 나누는 계산으로 한 분수가 다른 분수의 몇 배인지 구하는 과정이랍니다. 처음에는 조금 어렵게 느껴질 수 있지만 원리를 이해하면 쉽게 풀 수 있어요.

분수의 나눗셈

분수의 나눗셈을 해 보고 역수 원리를 증명해 볼까요?

$$
\begin{aligned}
\frac{2}{5} \div \frac{3}{4} &= \left(\frac{2}{5} \times \frac{4}{3}\right) \div \left(\frac{3}{4} \times \frac{4}{3}\right) \\
&= \left(\frac{2}{5} \times \frac{4}{3}\right) \div \left(\frac{12}{12}\right) \\
&= \left(\frac{2}{5} \times \frac{4}{3}\right) \div (1) \\
&= \left(\frac{2}{5} \times \frac{4}{3}\right) = \frac{8}{15}
\end{aligned}
$$

1은 곱하거나 나누는 수에 영향을 주지 않아요. 결국 분수의 나눗셈은 뒤의 분수를 역수로 곱한 것만 남게 돼요. 그래서 분수의 나눗셈은 앞의 분수는 그대로 두고 뒤의 분수를 역수로 만들어 곱해 주면 돼요.

비슷한 말을 알아봐요.

개념(槪念) 어떤 사물이나 현상에 대한 일반적인 지식.

[수학] 나눗셈의 기본 개념은 주어진 것을 똑같이 나눈다는 것이다.

[생활] 내 동생은 너무 어려서 돈에 대한 개념이 없다.

규범(規範) 사회나 집단에서 지켜야 하는 기준이나 원칙.

[수학] 모든 학생은 수학 문제를 풀 때 계산 과정을 정확히 적는 것이 학습 규범이다.

[생활] 친구를 배려하는 것은 학교에서 지켜야 할 규범 중 하나이다.

BONUS 학습도구어 더하기 - 속담, 관용어, 사자성어

속 냉수에 이 부러진다

하찮은 것 때문에 크게 당황스러운 일을 겪는다는 뜻으로, 도무지 원리에 맞지 않고 어이없는 경우를 이름.

관 가닥이 잡히다

분위기, 상황, 생각 등이 원리 원칙에 따라 바로잡힘.

난이도 ★★☆☆☆

27 이동

도형을 밀고 뒤집고 돌리는 것처럼
수학에서 '이동'은 도형을 움직여
변하게 하는 것을 말해요.

이동은 이럴 때 쓰는 말이에요.

선생님은 어깨를 들썩거리기까지 하며 무엇인가를 되뇌고 있어요. 밀기, 뒤집기, 돌리기?

"너희들에게 도형이 어떻게 이동하는지 알려 주려니 나도 모르게 신이 나서 어깨춤이 절로 나오는구나. 하하하. 평면 도형은 밀기, 뒤집기, 돌리기로 이동한단다. 자, 제일 먼저 밀기."

'밀기'는 평행 이동이에요. 기준이 되는 한 변에서 도형을 위, 아래, 왼쪽, 오른쪽으로 밀어 이동시킨답니다. '뒤집기'는 대칭 이동이에요. 기준 변을 정하고 위, 아래, 왼쪽, 오른쪽으로 뒤집어요. 기준이 되는 변이 대칭축이 된답니다. '돌리기'는 회전 이동으로, 기준점을 두고 시계 방향 또는 시계 반대 방향으로 평면 도형을 돌려서 이동시키는 방법이에요.

"도형을 이동시킬 때는 기준점과 기준 변을 표시해 둬야 헷갈리지 않는 것도 기억하렴."

딩동댕동! 어느새 쉬는 시간을 알리는 종이 울렸어요.

"선생님, 다음 시간은 체육 시간이라 탁구실로 이동해야 해요. 얘들아, 가자!"

이렇게 수학적 의미의 이동은 '도형을 밀기, 뒤집기, 돌리기로 움직이는 것'이고, 생활적 의미의 이동은 '움직여 장소를 바꾸는 것'을 말해요.

이런 뜻이에요.

이동의 이(移)는 '옮기다', '변하다'를 뜻하고, 동(動)은 '움직이다', '옮기다'를 뜻해요. 두 글자를 합치면 '움직여 옮기다', '움직여 변하게 하다'라는 의미가 만들어져요. 그래서 수학에서 쓰이는 이동은 '도형을 움직여 옮기고 모양이 변하는 것'을 말해요. 밀거나 뒤집거나 돌리는 방법으로 도형을 움직인답니다.

또한 이(移)의 '옮기다', '변하다'라는 뜻과 동(動)의 '움직이다', '옮기다', '변하다'라는 뜻을 합치면 '움직여 옮기다'라는 의미가 만들어지지요? 즉 생활에서 쓰이는 이동은 '움직여서 자리를 옮기는 것', '장소를 바꾸는 것' 등을 모두 말해요. 사람, 동물, 사물에 모두 사용된답니다.

과목별

도형을 움직여 변화시킴.

예문

- 삼각형을 왼쪽으로 10cm 밀고 맨 위 꼭짓점을 중심으로 뒤집기 해 이동하면 모양이 변한다.
- 도형을 오른쪽으로 밀어 이동시키면 자리는 변할 뿐 모양은 변하지 않는다.

생활 속

장소를 바꿈. 자리를 옮김.

예문

- 철새는 다양한 지역을 이동하며 씨앗을 퍼뜨리기도 한다.
- 개 썰매는 북극 지역의 전통 이동 수단이다.

꼬리에 꼬리를 무는 수학 개념!

이동

평면 도형의 이동

평면 도형의 이동이란 평면 도형을 다른 위치로 이동시키는 것을 말해요. 밀기, 뒤집기, 돌리기 등의 방법이 있답니다. 밀기는 어느 방향으로 밀어도 모양이 똑같지만 뒤집기는 선을 기준으로 뒤집어야 한다는 점, 돌리기는 점을 기준으로 돌려야 한다는 것이 달라요.

평면 도형의 이동

평면 도형의 이동에 대해 알아볼까요?

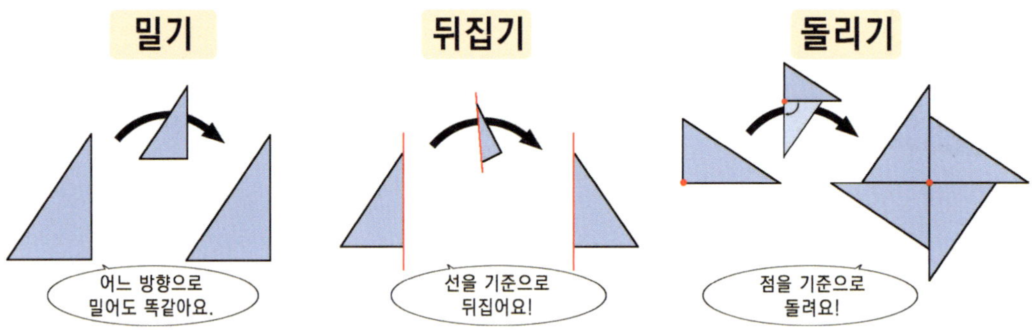

도형은 이동 방법에 따라 모양과 위치가 달라져요. 삼각형은 이동했을 때 달라지는 모습이 분명하지만 원과 사각형은 그렇지 않답니다. 그땐 도형이 중심이 아니라 도형 밖에 새로운 기준을 주고 어떤 기준으로 움직였는지를 판단하면 돼요. 예를 들어 도형의 원위치에 선이나 점을 그려 두고 이후 도형이 얼만큼 움직였는지를 확인하면 된답니다.

비슷한 말을 알아봐요.

돌리기(돌리다) 도형을 한 점을 중심으로 원을 그리듯 회전시킴.

[수학] 도형을 돌리기 하면 위치와 모양이 바뀐다.

[생활] 팽이 돌리기는 형이 제일 잘한다.

밀기(밀다) 도형을 위, 아래, 오른쪽, 왼쪽으로 자리를 옮김. 서로 밀어 냄.

[수학] 사각형은 밀기로 이동시키면 어느 방향으로도 모양이 변하지 않는다.

[생활] 나는 누가 밀기라도 한 듯 계단에서 넘어져 버렸다.

BONUS 학습도구어 더하기 - 속담, 관용어, 사자성어

속 강물이 돌을 굴리지 못한다

강물이 아무리 흘러도 돌을 굴리며 이동시키지는 못한다는 뜻으로, 사람들의 말에 흔들리지 않고 꿋꿋이 내 의지대로 행동함.

관 가도 오도 못하다

한곳에서 자리를 이동하거나 움직일 수 없는 상태가 됨.

난이도 ★★★☆☆

28 입체

직사각형을 공간에서 둘러싸면 직육면체가 되는 것처럼 수학에서 '입체'는 여러 개의 평면, 곡면으로 둘러싸인 부분을 말해요.

입체는 이럴 때 쓰는 말이에요.

"얘들아, 선생님이 설명하는 입체 도형이 무엇인지 맞히고 이 강당 안에서 같은 모양의 물건 앞으로 달려가는 거야. 수학 수업도 하고 운동도 하는 입체적인 시간이지? 시작할게!"

"네, 얼른요!"

"직사각형 6개로 둘러싸인 입체 도형과 둥근 기둥 모양의 입체 도형은 어디 있을까?"

"직육면체니까 큰 텔레비전 앞으로 가면 되겠다! 원기둥은…… 강당 쓰레기통이야!"

"밑에 놓인 면이 삼각형이고 옆으로 둘러싼 면이 모두 삼각형인 입체 도형은?"

"삼각뿔이에요. 배드민턴 셔틀콕과 비슷하게 생겼으니 배드민턴장으로 갈게요!"

그때 지민이가 강당의 큰 화면을 보다가 무언가 생각났다는 듯이 말했어요.

"선생님, 저는 얼마 전 초대형 스크린으로 영화를 봤는데요. 삼면이 화면이라 영화가 입체적으로 보였고 소리도 입체적으로 들려서 마치 제가 영화 속에 들어가 있는 것 같았어요. 게다가 주인공 성격도 입체적이라 영화가 더 재밌었어요."

이렇게 수학적 의미의 입체는 '공간에서 여러 개의 평면이나 곡면으로 둘러싸인 부분'을 말하고, 생활적 의미의 입체는 '어떤 일이나 성격 등이 한 가지가 아닌 여러 가지 다양함을 가지고 있는 것' 또는 '공간적인 느낌을 주는 것'을 말해요.

이런 뜻이에요.

입체의 입(立)은 '서다', '이뤄지다'를 뜻하고, 체(體)는 '몸', '형상'을 뜻해요. 두 글자를 합치면 '몸이나 형상이 서다'라는 의미가 만들어져요. 종이에 그려진 평평한 직사각형이나 삼각형은 입체가 아니에요. 두 글자가 합쳐진 뜻처럼 '형상이 서 있을 수 있는 공간'을 가져야 한답니다. 이처럼 수학에서 쓰이는 입체는 '우리가 생활하는 공간에서 여러 개의 평평한 면이나 구부러진 면으로 둘러싸인 부분'을 말해요.

또한 입(立)의 '이뤄지다'라는 뜻과 체(體)의 '형상'이라는 뜻을 합치면 '이뤄진 형상'이라는 의미가 만들어지지요? 종이에 그려진 그림은 한 면만 보이지만 공간에서 이뤄진 형상은 어느 쪽에서 보느냐에 따라 다르게 보여요. 이처럼 생활에서 쓰이는 입체는 '일어난 일이나 상황을 하나의 관점이 아닌 여러 관점과 각도로 보며 다양하게 이해하고 파악하는 것'을 말해요. 또 3차원(상하, 좌우, 전후의 세 방향으로 이뤄진 실수의 공간)의 공간적 부피를 가진 물체를 보는 것과 같은 느낌을 주거나 갖게 하는 것도 '입체적'이라는 표현을 사용한답니다.

과목별

공간에서 여러 개의 평면 또는 곡면으로 만들어진 부분.

예문

- 수학 시간에 입체 도형을 만들기 위해 전개도를 그렸다.
- 입체 도형은 부피를 가진다.

생활 속

일어난 일이 종합적으로 엮어짐. 공간적인 느낌이 들게 함.

예문

- 이번 축제는 음악과 연극, 무용이 어우러진 입체적인 행사였다.
- 피아노 세 대가 동시에 연주하니 음악이 매우 입체적이었다.

꼬리에 꼬리를 무는 수학 개념!

입체

입체 도형

입체 도형이란 공간을 차지하며 위치와 모양, 길이, 너비, 두께 모두를 갖는 도형을 말해요. 일반적으로 우리가 도화지에 그리는 평면 도형들은 점, 선, 면으로만 이뤄져 두께가 없기 때문에 입체 도형이 될 수 없어요. 입체 도형에는 사각기둥, 원기둥, 원뿔, 삼각뿔, 구 등이 있답니다.

입체 도형

쌓기나무로 입체를 배워 볼까요? 쌓기나무를 위, 앞, 오른쪽에서 본 모양이에요. 어떤 쌓기나무를 본 그림인지 찾아 보세요.

위 앞 오른쪽

정답 ②

비슷한 말을 알아봐요.

공간(空間) 수학에서 입체 도형이 존재하는 3차원 구조. 아무것도 없는 빈 곳.

[수학] 3차원 공간은 면과 면으로 이뤄져 있다.

[생활] 나는 숨바꼭질 할 때 옷장과 벽 사이 좁은 공간에 숨는다.

체적(體積) 넓이와 높이를 가진 입체의 크기. 물건이 공간에서 차지하는 크기.

[수학] 상자의 가로 길이와 세로 길이, 높이를 곱하면 체적을 구할 수 있다.

[생활] 겨울옷은 여름옷보다 체적이 있어서 옷장에서 자리를 많이 차지한다.

BONUS 학습도구어 더하기 - 속담, 관용어, 사자성어

관 눈이 트이다

사물이나 현상을 입체적으로 판단할 줄 알게 됨.

사 미인박명(美人薄命)

세상에 견줄 만한 사람이 없을 정도로 아름답고 이것저것 뛰어난 입체적인 사람은 불행하거나 병약해 요절하는 일이 많음.

사 팔방미인(八方美人)

여러 방면에 능통한 입체적인 사람을 비유적으로 이름.

난이도 ★★☆☆☆

29 조건

정답을 알아내기 위해 수를 제시한 것처럼 수학에서 '조건'은 값을 구하기 위해 내놓은 공통된 성질을 말해요.

조건은 이럴 때 쓰는 말이에요.

"얘들아, 오늘의 숫자 수수께끼! 이 조건에 알맞은 수는 뭔지 맞혀 보렴. 50보다 크고 65보다는 작은 수야. 이 수는 7로 나눴을 때 나머지가 3이야. 이 수는 뭘까? 맞히는 사람에게는 간식 선물도 주고 수학 박사로 인정해 주마."

"와! 선생님. 그 조건 좋아요! 간식도 먹고 선생님께서 인정하는 박사님도 되잖아요!"

"7로 나눴을 때라는 조건이 붙었으니까 7단 곱셈으로 풀면 될 것 같아요. 7 곱하기 7은 49니까 50보다 크고 65보다 작다는 조건에 맞지 않고 7 곱하기 9도 63이라서 조건에 맞지 않아요. 7 곱하기 8은 56이니까 선생님께서 말씀하신 조건에 맞아요. 그런데 나머지가 3이라는 건 3이 더 큰 수라는 말이니까 답은 59예요!"

그때 문제를 맞히지 못한 우빈이가 아쉽다는 듯 말했어요.

"선생님, 제 수학적 능력이 여러 가지 조건 때문에 발휘되지 못했어요. 우선 배가 고파서 문제가 잘 안 풀어졌고 주변도 좀 시끄러웠고요. 조건이 모두 갖춰지면 다시 해요! 히히."

이렇게 수학적 의미의 조건은 '답을 내기 위해 제시된 공통된 성질'을 말하고 생활적 의미의 조건은 '어떤 일을 하기 위해 갖춰져야 할 요소'들을 말해요.

이런 뜻이에요.

조건의 조(條)는 '가지', '서로 이어져 있는 관계'를 뜻하고, 건(件)은 '물건', '사건', '조건', '나누다'를 뜻해요. 두 글자를 합치면 '가지처럼 서로 이어져 있는 어떤 것'이라는 의미가 만들어져요. 이것은 '나뭇가지처럼 서로 하나로 연결되고 이어져 연관이 많다'라는 뜻이에요. 즉 수학에서 쓰이는 조건은 '식의 값을 구하기 위해 공통된 성질을 제시하는 것'을 말해요.

또한 조(條)의 '가지'라는 뜻과 건(件) '물건', '조건'이라는 뜻을 합치면 '물건이 가지를 지탱해서 서 있다'라는 의미가 만들어지지요? 이것은 '반드시 필요하고 꼭 있어야 한다'라는 뜻이에요. 가지가 없으면 쓰러질 수도 있으니까요. 그래서 생활에서 쓰이는 조건은 '어떤 일이 이뤄지거나 진행될 때 꼭 필요한 것이나 갖춰져야 할 상태'를 말한답니다. 또한 '어떤 일을 하거나 결정하기 위해서 내놓는 요구나 필요한 의견'을 뜻하기도 해요.

과목별

값을 구하기 위해 공통된 성질을 내놓는 것.

예문

- 모서리의 수가 9개, 꼭짓점의 수가 6개인 조건을 만족시키는 도형은 삼각기둥이다.
- 3 초과 8 이하의 조건을 만족시키는 수는 4~8, 총 5개이다.

생활 속

어떤 일을 하기 위해 필요한 조건이나 요구.

예문

- 바나나는 고온 다습한 기후 조건이 필요하다.
- 나는 동생에게 용돈을 주고 간식을 사다 달라는 조건을 걸었다.

꼬리에 꼬리를 무는 수학 개념!

조건

참과 거짓

수학에서 참과 거짓은 어떤 명제(문장)가 참(사실)인지 거짓인지를 판단하는 것을 말해요. 여기서 참은 어떤 명제가 사실이고 옳은 것을, 거짓은 어떤 명제가 사실이 아니거나 틀린 것을 뜻한답니다.

참과 거짓

수학에서 명제에 붙는 조건이 중요한 이유를 알아볼까요?

[모든 한국인은 한국에 삽니다.]

위 명제는 참인 진술일까요? 거짓인 진술일까요? 아마도 대부분의 한국인은 한국에 살고 있을 거예요. 그래서 일반적으로 '한국인은 한국에 산다'라는 진술은 맞다고 볼 수도 있어요. 하지만 '수학'에서의 판단은 달라요! 정말로 '모든' 한국인이 한국에 살고 있을까요? 수학은 논리적이고 객관적인 기준을 바탕으로 하기 때문에 결정을 내릴 때 일반적인 생각을 가지고 내리면 안 된답니다. 이민이나 결혼, 워킹 홀리데이 등등의 이유로 분명 국적이 한국이어도 다른 나라에 살고 있는 한국인이 많이 있을 거예요. 그럴 때 '조건'을 달아 두면 이 명제는 참인 명제가 될 수 있어요. 여기서 조건이란 '어떤 일을 이루기 위한 상태나 요소'를 말해요.

[한국인은 대부분 한국에 삽니다.]

조건에서 '모든'을 삭제하고 '대부분'을 추가하니 참인 명제가 됐답니다.

비슷한 말을 알아봐요.

가정(假定) **수학에서 어떤 조건을 임시로 내세움.**
사실이 아니거나 사실인지 아닌지 분명하지 않은 것을 임시로 인정함.

[수학] 언니와 동생, 수아의 나이 합이 17살일 때, 수아의 나이를 6살로 가정한다면 동생은 4살이고 언니는 7살이 된다.

[생활] 우리 반은 내일이 학예회 날이라 가정하고 진지하게 합창 연습을 했다.

전제(前提) **수학에서 식을 풀이하기 전에 먼저 내세움.**
사물이나 현상을 이루기 위해 먼저 내세움.

[수학] 0은 포함하지 않는다는 전제 아래, 10 미만인 자연수는 9개이다.

[생활] 내일은 게임을 하지 않는다는 것을 전제로 오늘은 게임을 실컷 했다.

BONUS 학습도구어 더하기 - 속담, 관용어, 사자성어

속 부뚜막의 소금도 집어넣어야 짜다

가까운 부뚜막에 있는 소금도 넣지 않으면 음식에 짠맛이 날 수 없다는 뜻으로, 어떤 일을 할 때 아무리 좋은 조건이 마련돼도 노력을 해야 성과를 봄.

관 이야기가 다르다

일이 진행되는데 조건, 상황 등이 달라짐.

난이도 ★☆☆☆☆

30 중심

원의 가운데처럼 수학에서 '중심'은 원둘레에서 모든 점으로부터 같은 거리에 있는 점을 말해요.

중심은 이럴 때 쓰는 말이에요.

아이들은 운동장에서 원을 그리고 있어요. 민수가 원의 중심이 돼 서 있고 현우가 민수의 손을 잡고 긴 막대기로 둥그렇게 원을 그리니 반지름이 똑같은 원이 그려졌어요.

"와, 완성됐네. 이렇게 커다란 원이 그려지다니! 다 같이 한번 보자. 민수가 서 있는 곳이 원의 중심이지? 그러면 민수와 현우 사이를 선분으로 이으면 반지름이 되는 거란다. 또 원의 중심인 민수를 거쳐서 원의 한끝에서 한끝까지 이은 선분은 지름이 돼."

이번에는 옥 선생님이 원의 중심이 되고 아이들 3명이 손을 잡아 더 큰 원을 그리기 시작했어요.

"선생님! 중심 잘 잡고 계세요. 중심이 흔들리면 원이 찌그러지는 거 아시죠? 자, 시작!"

드디어 운동장에 커다란 원이 그려졌어요. 한 번의 실수도 없이 단번에 그려졌답니다.

"와! 역시 우리 반은 선생님을 중심으로 똘똘 뭉치는 건 정말 잘한다니까!"

이렇게 수학적 의미의 중심은 '원 가장자리의 모든 점에서 같은 거리에 있는 점'을 말하고, 생활적 의미의 중심은 '어떤 행동을 하거나 일을 할 때 가장 중요하고 기본이 되는 부분'을 말해요.

이런 뜻이에요.

중심의 중(中)은 '가운데', '사이', '절반'을 뜻하고, 심(心) 또한 '가운데'를 뜻해요. 두 글자 모두 '가운데'라는 같은 뜻을 가지고 있는 만큼 이 뜻은 중요하답니다. 그래서 수학에서 쓰이는 중심은 '원둘레나 구 위의 모든 점에서 같은 거리에 있는 점' 또는 '도형에서 대칭이나 여러 선분이 만나는 기준점'을 말해요. 원이나 구의 중심이 '가운데' 있는 점이고 대칭의 중심도 도형의 '가운데'에 자리하니 중심이 수학에서 어떻게 쓰이는지 알 수 있을 거예요.

또한 중(中)의 '가운데', '안', '속'이라는 뜻과 심(心)의 '마음', '근본'이라는 뜻을 합치면 '마음이나 근본이 되는 것의 가운데'라는 의미가 만들어지지요? 마음이나 근본이 되는 것의 가운데이니 얼마나 중요하겠어요? 그래서 생활에서 쓰이는 중심은 '어떤 행동을 할 때나 어떤 상황이 일어났을 때, 사물에서 매우 중요하고 기본이 되는 부분'을 일컫게 됐답니다. 두 글자의 '가운데'라는 뜻은 생활에서 사물, 시간 등의 한가운데를 나타내요.

과목별

원 가장자리의 모든 점에서 같은 거리에 있는 점.

예문

- 원의 중심에서 원 위의 한 점까지의 거리를 원의 반지름이라고 한다.
- 원의 중심은 1개이지만 반지름은 무수히 많다.

생활 속

매우 중요하고 기본이 되는 부분. 사물이나 시간 등의 가운데.

예문

- 높은 굽의 구두를 신으니 몸의 중심이 흔들렸다.
- 하루는 12시를 중심으로 오전과 오후로 나뉜다.

꼬리에 꼬리를 무는 수학 개념!

중심

무게 중심

무게 중심이란 어떤 도형의 각 부분이 만나 균형이 잡히게 만들 수 있는 점을 말해요. 삼각형에서는 세 개의 중선이 교차하는 점을, 사각형에서는 대각선을 교차시켜 나오는 곳을 중심이라고 한답니다.

무게 중심

각 도형의 무게 중심에 대해 알아볼까요?

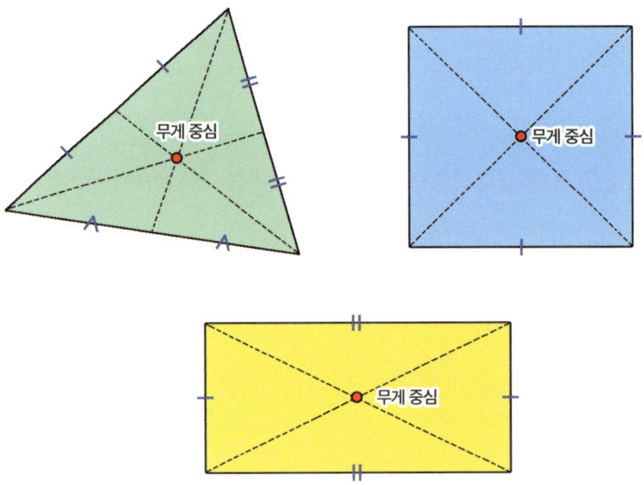

삼각형의 무게 중심은 각 변을 정확히 이등분하는 중선들의 교점(서로 만나는 점)으로, 무게의 균형을 잡는 위치예요. 또한 사각형은 대각선을 교차해 만나는 점이 무게 중심이랍니다.

비슷한 말을 알아봐요.

가운데 어느 쪽으로 치우치지 않은 한복판.

[수학] 연속하는 수의 개수가 홀수이면 가운데 수 곱하기 수의 개수가 합이 된다.

[생활] 책상 가운데 가위를 놓고 짝과 함께 사용했다.

중앙(中央) 한가운데가 되는 곳.

[수학] 삼각형의 외심, 내심, 방심, 무게 중심, 수심을 통틀어 '삼각형의 오심'이라고 한다.

[생활] 엄마는 거실 벽의 중앙에 가족사진을 걸어 놓으셨다.

BONUS 학습도구어 더하기 - 속담, 관용어, 사자성어

속 곧은 나무는 가운데 선다

곧고 좋은 나무가 중심에 서게 된다는 뜻으로, 훌륭한 사람을 중심되는 사람으로 내세움.

속 사공이 많으면 배가 산으로 간다

중심이 되는 사람이 없고 각자의 주장대로 배를 몰려고 하면 결국에는 배가 물로 못 가고 산으로 올라감.

관 엄지손가락으로 치다

여럿 가운데 가장 중심이 되고 제일인 사람으로 여김.

난이도 ★★☆☆☆

31 증가

아이들의 키가 5cm 자라고 몸무게가 4kg 늘어난 것처럼 수학에서 '증가'는 수치가 늘어나는 일을 말해요.

증가는 이럴 때 쓰는 말이에요.

지금은 신체 발달 검사 시간이에요. 옥 선생님과 보건 선생님이 아이들의 키를 쟀답니다.

"와! 선생님, 저는 작년에 비해 키가 5cm나 증가했어요."

"으악! 선생님, 저는 몸무게가 4kg 증가했어요. 어? 키도 많이 증가했구나! 다행이다. 헤헤."

아이들은 서로 키와 몸무게가 얼마나 증가했는지 이야기꽃을 피웠어요.

"너희들의 키와 몸무게가 증가하는 만큼 마음도 꼭 성장하도록 노력하렴!"

그때 지호가 싱글벙글 웃으며 이야기했어요.

"선생님, 전 요즘 너무 기분이 좋아요. 우선 키가 크고 몸무게도 늘어서 좋고요. 또 취미로 붓글씨를 쓰는데 요즘 붓글씨 활동 시간이 증가하면서 자세가 좋아지고 집중력도 높아졌어요. 그러다 보니 공부까지 잘돼서 공부 시간도 증가하고 시험까지 잘 쳤다니까요. 히히."

"휴, 난 요즘 소비가 증가해서 마음이 불편한데…… 나도 너처럼 좋은 취미를 가져야겠어!"

윤서의 다짐에 옥 선생님도 격려해 줬답니다.

이렇게 수학적 의미의 증가는 '몸무게, 키 등의 수치가 이전보다 늘어나고 커지는 것'을 말하고 생활적 의미의 증가는 '습관, 시간, 생각 등이 많아지고 풍성해지는 것'을 말해요.

이런 뜻이에요.

증가의 증(增)은 '많아지다', '늘다'를 뜻하고, 가(加)는 '더하다', '높이다'를 뜻해요. 두 글자를 합치면 '많아지고 늘어나다'라는 의미가 만들어져요. 그래서 수학에서 쓰이는 증가는 '더해지거나 많아지고 늘어난 것 등을 수치로 나타내는 것', '연속되는 수나 계산으로 나온 값 등의 수치가 늘어나는 것'을 말한답니다.

또한 증(增)의 '더욱', '한층 더'라는 뜻과 가(加)의 '더하다', '채우다'라는 뜻을 합치면 '한층 더 채우다'라는 의미가 만들어지지요? 수학에서 쓰이는 의미와 비슷하게 '더해서 많아진다'라는 뜻이 있지만 생활에서 쓰이는 증가는 '수치로 나타낼 수 없는 시간, 습관, 생각, 의견 등이 늘어나고 풍부해지는 것'을 말한답니다. 물론 생활에서도 '어떤 사물이나 현상이 늘어나고 많아지는 것'을 말할 때도 쓰여요.

과목별

양이나 무게 등의 수치가 늘어남.

예문

- 양파의 수확량이 5% 증가하면서 양파 가격이 내려갔다.
- 햄스터의 몸무게가 작년에는 10g이었는데 올해는 20g으로 2배나 증가했다.

생활 속

현상이나 시간 등이 늘어남.

예문

- 우리나라는 수출이 증가하면서 경제적으로 안정되기 시작했다.
- 여가 시간의 증가로 예술과 문화에 관한 관심도 증가하고 있다.

꼬리에 꼬리를 무는 수학 개념!

증가

배와 퍼센트

배는 어떤 수가 몇 번 더 커졌는지를 말해요. 2배는 두 번 만큼, 3배는 세 번 만큼 커진 거랍니다. 퍼센트는 전체를 100으로 나눴을 때의 크기를 말해요. 50%는 100개 중 50개, 절반이라는 뜻이에요.

배와 퍼센트

2배 증가와 50% 증가는 어떤 차이가 있을까요?

2배 증가는 원래 값의 2배가 더해지는 것을 의미해요. 즉 (원래 값)×(2)랍니다. 원래 값이 100이라면, 100×2=200이 되는 거예요. 하지만 50% 증가는 원래 값의 50%만큼 더해지는 것을 의미해요. 즉 (원래 값)×(1.5)랍니다. 원래 값이 100이라면, 100+(100×0.5)=100×1.5=150이 되는 거예요.

실생활 예시

원래 돈이 10,000원일 때,
[2배 증가 → 10,000×2=20,000원]
[50% 증가 → 10,000×1.5=15,000원]

원래 키가 150cm일 때,
[2배 증가 → 150×2=300cm]
[50% 증가 → 150×1.5=225cm]

요약하자면, 2배 증가는 원래 값의 전체를 두 배로 만드는 것이고 50% 증가는 원래 값의 절반만큼 더하는 거예요. 따라서 2배 증가는 항상 50% 증가보다 더 크답니다.

비슷한 말을 알아봐요.

증대(增大) 양이 많아지거나 늘어남. 더해 늘어나거나 많아짐.

[수학] 농업 기술의 발달로 농가의 소득이 30%나 증대했다.

[생활] 연습해도 줄넘기 개수가 늘지 않아서 내 불안감은 점점 증대됐다.

확장(擴張) 범위, 규모 등을 늘려서 넓힘.

[수학] 직사각형의 가로와 세로를 각각 2배로 늘리면 면적이 4배로 확장된다.

[생활] 최근 온라인 쇼핑 시장이 급격히 확장되면서 배달 서비스가 전국으로 늘어났다.

BONUS 학습도구어 더하기 - 속담, 관용어, 사자성어

속 개미구멍이 둑을 무너뜨린다

작은 결점이라고 무시하다가 그것이 서서히 증가해 나중에는 큰 흠이 됨.

관 키(를) 다투다

키가 자라는 속도가 빠르게 증가함.

난이도 ★★★☆☆

32 집합

사물이나 숫자가 모이는 것처럼
수학에서 '집합'은 조건에 맞는
사물이나 숫자의 모임을 말해요.

집합은 이럴 때 쓰는 말이에요.

"와, 선생님. 오늘 과일 파티 하는 거예요? 여러 가지 과일을 많이 가져오셨네요."

"하하하. 수업이 끝나면 과일 파티를 하자꾸나. 수학에서 집합은 '여러 가지 물건이나 숫자를 하나로 모은 것'을 말해. 그래서 이 사과, 바나나, 귤, 배를 모은 것은 과일 집합이란다."

"그러면 집합은 '모임'이네요?"

"맞아. 이렇게 모인 집합 안에 들어 있는 것을 '원소'라고 한단다. 너희들, 모둠별로 함께 놀기도 하고 활동도 하지? 그러면 모둠이 집합이고 너희는 원소와 비슷한 거야."

원소는 꼭 눈에 보이는 물건일 필요는 없어요. 즉 집합 {1, 2, 3}에서는 숫자 1, 2, 3이 원소랍니다. 집합은 중괄호({ })로 나타내고 원소들은 중괄호 안에 쉼표로 구분해서 적으면 돼요.

그때 교실 스피커에서 안내 방송이 나왔어요.

"선생님. 5학년만 운동장으로 집합이래요. 내일 체육 대회 연습하려나 봐요. 집합에 늦으면 우리 반만 연습을 적게 할 테니 얼른 나가야겠어요."

이렇게 수학적 의미의 집합은 '수학적 조건에 맞춰 숫자나 사물이 모이는 것'을 말하고, 생활적 의미의 집합은 '사람들이 한곳으로 모이는 것'을 말해요.

이런 뜻이에요.

집합의 집(集)은 '모으다', '모이다'를 뜻하고, 합(合)은 '합하다', '모으다'를 뜻해요. 두 글자를 합치면 '무엇인가를 모아서 합하다'라는 의미가 만들어져요. 그래서 수학에서 쓰이는 집합은 '특정한 조건이나 정확한 기준에 맞는 숫자, 사물 등의 원소들이 모인 것'을 말해요.

또한 집(集)의 '모으다', '모아서 합하다'라는 뜻과 합(合)의 '합하다', '맞다', '적합하다'라는 뜻을 합치면 생활에서 쓰이는 집합의 뜻이 돼요. 바로 '사물뿐만 아니라 사람들이 한곳으로 모이는 것', '여러 사람이 한곳에 모여 일정한 무리를 이루는 것'을 말한답니다. 물론 '조건과 기준에 맞춰 사물이 모이는 것'도 생활에서 쓰이는 집합이에요.

과목별

수학적 조건에 맞는 숫자나 사물 등의 원소들이 모임.

예문

- 자연수처럼 원소가 무한히 많은 것을 무한 집합이라고 한다.
- 원은 일정한 점에서 같은 거리에 있는 점들의 집합이다.

생활 속

사람들이 한곳에 모임. 조건에 맞춰 사물 등이 모임.

예문

- 체험 학습을 가기 위해 오전 9시까지 학교에 모두 집합했다.
- 일기는 소설, 미술, 기행문, 독후감 등이 모두 집합된 글이다.
- 은하는 별들의 집합으로 만들어졌다.

꼬리에 꼬리를 무는 수학 개념!

집합

집합

집합이란 어떤 조건에 맞는 원소들의 모임을 말해요. 집합에는 합집합(두 집합 A와 B의 모든 원소를 합친 집합), 교집합(두 집합 A와 B에 공통으로 있는 원소들의 집합), 여집합(어떤 집합에 없는 원소들의 모임), 부분 집합(어떤 집합의 일부나 전체 원소로 만든 집합) 등 다양한 종류가 있답니다.

집합

집합의 특징을 알아볼까요?

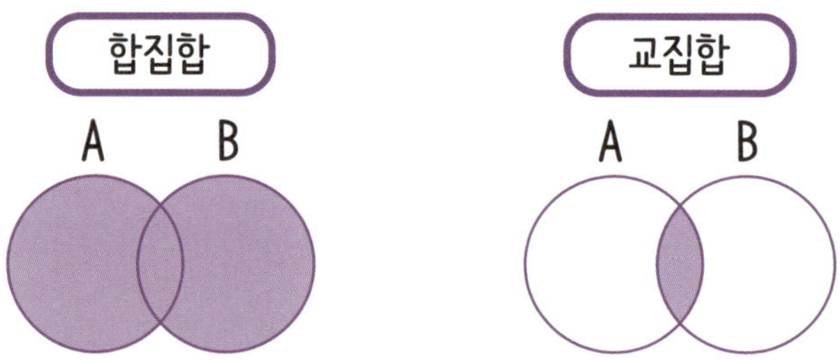

집합은 무엇이 들어가고 무엇이 들어가지 않는지 분명하게 구분할 수 있는 모임이에요. 즉 누가 봐도 같은 기준으로 묶인 것들이어야 해요. 예를 들어 '알파벳의 모임'은 A, B, C처럼 모두가 똑같이 알파벳을 넣을 수 있어요. 또 '날개가 있는 곤충의 모임'도 잠자리, 파리, 나비처럼 기준이 분명하죠. 하지만 '작은 수의 모임'이나 '배드민턴을 잘하는 학생의 모임'은 기준이 애매해요. 사람마다 '작다'나 '잘한다'의 기준이 다르기 때문이에요.

그래서 집합을 만들 때는 누가 들어가고 누가 안 들어가는지 정확한 기준이 있어야 해요. 기준이 뚜렷해야 누구나 같은 집합으로 이해할 수 있답니다.

비슷한 말을 알아봐요.

묶음 묶어 놓은 덩이를 세는 단위. 한데 모아서 묶어 놓은 덩이.

[수학] 달걀 10개씩 묶음 2개와 낱개 5개를 더하면 25개이다.

[생활] 나는 신문지 묶음을 재활용장에 내놓았다.

합(合) 둘 이상의 수를 더해 얻은 값. 여럿을 한데 모음.

[수학] 8에 7을 합하면 15이다.

[생활] 줄다리기할 때는 다 같이 힘을 합해 줄을 당겨야 한다.

BONUS 학습도구어 더하기 - 속담, 관용어, 사자성어

속 꾸어다 놓은 보릿자루[빗자루]

집합한 사람들 사이에서 아무 말도 안 하는 사람을 이름.

관 구름같이 모여들다

한꺼번에 많이 모여들어 집합함.

사 동서고금(東西古今)

동양과 서양, 옛날과 지금을 통틀어 이르는 말로 다양한 시기나 장소의 요소들이 모여 하나의 집합을 이룸.

가
나

4장

ㅊ~ㅎ으로 시작하는 학습도구어

차원 | 초과 | 최대 | 통계

평균 | 평행 | 확률 | 회전

난이도 ★★★★☆

33 차원

점, 선, 면이 위치한 장소처럼 수학에서 '차원'은 숫자를 사용해 장소의 성질을 나타낸 것을 말해요.

차원은 이럴 때 쓰는 말이에요.

"이것으로 네모 블록을 만들 수 있겠지? 이렇게 그려진 정사각형을 겹치면 되려나?"

"안될걸!"

그때 아이들의 뒤에서 스르륵 옥 선생님이 나타나셨어요.

"악! 선생님은 늘 남들과 다른 차원으로 저희를 놀라게 하시네요. 그런데 왜 안 되나요?"

"블록은 직육면체 입체 도형이고 공간이 있는 3차원에서만 존재해. 면을 겹치기만 하면 안 되고 세워서 3차원의 공간을 차지하게 해야 입체 도형인 상자를 만들 수 있어."

"아, 그렇구나. 선생님, 그러면 1차원, 2차원은 뭐예요?"

"1차원은 '점의 집합인 선'이, 2차원은 '선의 집합인 면'이 움직이는 곳이란다. 여기 2차원인 전개도를 오리고 세워서 붙이면 3차원의 입체 도형인 정육면체 블록을 만들 수 있지."

옥 선생님과 아이들은 블록을 여러 개 만들어 체육 시간에 활용할 계획이에요.

"얘들아. 예방 차원에서 얘기하자면 종이로 만든 블록이라도 던지면 안 돼. 모서리가 뾰족해서 다칠 수도 있어."

이렇게 수학적 의미의 차원은 '점, 선, 면 등이 움직이는 장소의 범위'를 뜻하고, 생활적 의미의 차원은 '현상이나 사물을 바라보는 태도'를 말해요.

이런 뜻이에요.

차원의 차(次)는 '장소', '자리'를 뜻하고, 원(元)은 '으뜸', '처음', '근본'을 뜻해요. 두 글자를 합치면 '장소 또는 자리의 근본, 처음'이라는 의미가 만들어져요. 그래서 수학에서 쓰이는 차원은 '숫자를 사용해 장소의 성질을 나타내는 것'을 말해요. 즉 선이나 직선은 1차원을, 면이나 평면은 2차원을, 보통의 입체나 공간은 3차원을 뜻한답니다.

또한 차(次)의 '다음', '이어서'라는 뜻과 원(元)의 '처음', '첫째'라는 뜻을 합치면 '처음에서 이어진 다음'이라는 의미가 만들어지지요? 첫 번째로 보이는 것은 겉모습이고 그다음은 속에 든 속뜻이에요. 우리는 일반적으로 겉모습부터 보고 그 너머의 생각을 해요. 그래서 생활에서 쓰이는 차원은 '나타나 보이는 것의 속에 든 생각 또는 그것을 뛰어넘는 다른 생각', '현상이나 사물을 바라보는 태도', '보이는 것의 숨은 깊이와 수준'을 말한답니다.

과목별

공간에서 위치하는 것을 수로 나타낸 것.

예문

- 1차원은 직선이나 곡선을 말하며 입체의 개념 없이 평면이 기본인 형태는 2차원이다.
- 보통 3차원의 공간에 시간을 가한 4차원의 세계를 시공간이라고 한다.

생활 속

지금의 수준과 다른 것. 사물을 바라보는 태도.

예문

- 책을 많이 읽으니 좀 더 높은 차원의 대화가 가능해졌다.
- 지원이는 늘 독특하고 차원이 다른 생각을 한다.

꼬리에 꼬리를 무는 수학 개념!

차원

시공간

시공간이란 3차원의 공간에 시간이 추가된 4차원의 세계를 말해요. 차원은 하나의 점(위치)만 있는 것에서부터 시작됐어요. 그렇게 점차 한 방향으로 길게 뻗은 선의 개념인 1차원에서부터 그림이나 종이 위의 그려진 평면 도형 같은 2차원, 길이와 넓이, 높이가 있는 입체 도형인 3차원까지 뻗어 나가게 됐답니다.

차원

4차원에 대해 알아볼까요?

우리가 사는 세상은 3차원 공간이에요. 3차원이란 가로, 세로, 높이 세 방향으로 길이를 잴 수 있는 공간을 말해요.

예를 들어 책상이나 공, 집처럼 우리가 보는 물건들은 모두 3차원 공간에 있어요. 그래서 물건의 크기와 모양, 위치를 정확히 나타낼 수 있답니다. 그런데 우리 세상에는 공간만 있는 것이 아니에요. 시간(t)이라는 특별한 요소도 있어요.

3차원 공간에 시간을 더한 것이 바로 4차원이에요. 예를 들어 체육 시간에 쓴 축구공은 10분 후에 내가 아닌 다른 친구에게 있을 수도 있고 수업이 끝나면 창고에 들어가 있을 수도 있어요. 이처럼 시간이 흐르면서 물건이 움직이고 변하는 모습까지 생각하는 게 바로 4차원적인 방식이에요.

즉 3차원은 공간에서의 위치, 4차원은 공간과 시간에서의 위치를 나타낸답니다.

비슷한 말을 알아봐요.

공간(空間) 수학에서 입체 도형이 존재하는 3차원 구조. 아무것도 없는 빈 곳.

[수학] 3차원 공간에 놓인 쌓기 나무는 보는 면에 따라 다른 개수로 보이기도 한다.

[생활] 물건을 넣을 공간이 부족해서 서랍장을 샀다.

범위(範圍) 어떤 것이 미치는 한계. 일정하게 한정된 영역.

[수학] 0부터 10까지의 범위 안에서 음의 정수는 없다.

[생활] 선생님은 10쪽에서 30쪽의 범위 안에서 시험 문제를 낸다고 하셨다.

BONUS 학습도구어 더하기 - 속담, 관용어, 사자성어

속 발(을) 벗고 따라가도 못 따르겠다

신발까지 벗고 쫓아가도 따라가지 못하겠다는 뜻으로, 상대방의 능력이나 수준이 차원이 다르게 너무 우수해서 경쟁하기 힘듦.

관 난다 긴다 하다

재주나 능력이 보통 사람과는 차원이 다름.

난이도 ★★★☆☆

34 초과

100개 초과는 101부터 시작하는 것처럼 수학에서 '초과'는 기준의 수를 포함하지 않고 넘어서는 수부터를 말해요.

초과는 이럴 때 쓰는 말이에요.

"얘들아, 아침마다 꾸준히 연습하더니 줄넘기 횟수가 많이 늘었구나. 쭉 연속으로 100개를 초과해서 줄넘기를 한 학생은 7명이고 50개를 초과한 학생도 12명이나 돼. 지난달만 해도 100개를 초과하는 친구는 3명밖에 없었는데 말이야."

"초과라면 딱 100개는 포함이 안 되는 거죠? 야호! 저는 딱 101개 해서 7명 안에 들었어요!"

"현수가 많이 늘었구나! 맞아. 초과는 기준이 되는 숫자는 포함하지 않는단다. 그럼 여기서 잠깐! 기준이 되는 숫자를 포함하는 용어는 뭘까? 아는 사람?"

"'이상'이에요, 선생님. 제가 딱 100개 했거든요. 그래서 100개를 초과한 학생에 포함이 안 됐어요. 100개 이상 한 학생이면 포함인데 말이에요."

모두 줄넘기 횟수 늘리기에 성공한 것 같아요. 다음 달에는 어떤 목표를 세우면 좋을까요?

"선생님, 우리 반 모두 다음 달에는 책 많이 읽기를 할 예정이에요. 전 이번 줄넘기는 100개를 초과하지 못했지만 책 많이 읽기는 꼭 목표를 초과해서 성공하고 말 거예요. 히히."

이렇게 수학적 의미의 초과는 '기준이 되는 수를 포함하지 않고 넘는 것'을 말하고, 생활적 의미의 초과는 '어떤 일이나 시간의 한도를 넘어서는 것'을 말해요.

이런 뜻이에요.

초과의 초(超)는 '뛰어넘다', '뛰다'를 뜻하고, 과(過)는 '지나다', '지나가다'를 뜻해요. 그래서 수학에서 초과는 '일정한 수를 넘는 것'을 말해요. 그런데 여기서 초과는 숫자로 제시된 기준의 수가 포함되지 않으면서 그 위인 경우를 가리킨다는 것에 주의해야 한답니다.

또한 초(超)의 '뛰어넘다', '뛰어나다'라는 뜻과 과(過)의 '도달하다', '들르다'라는 뜻을 합치면 '무엇인가에 도달하고 뛰어넘다'라는 의미가 만들어지지요? 이것은 생활에서 사용하는 초과로 '일어나는 일이나 하는 일, 시간 등이 일정한 정도를 넘어서는 것'을 말해요. 또한 '일이나 시간 등이 정확히 숫자로 제시되는 것이 아니라 스스로 세운 기준에서 더 넘어서는 것'을 뜻한답니다.

과목별

기준 수를 포함하지 않고 그 수를 넘음.

예문

- 엘리베이터에 타자 정원 초과를 알리는 경고음이 울렸다.
- 양궁은 2분을 초과해서 활을 쏘면 0점 처리가 된다.

생활 속

어떤 일이나 시간의 한도를 넘어섬.

예문

- 좋은 영양제도 적당량을 초과해서 먹으면 곤란하다.
- 계획했던 시간을 초과해서 공부했더니 머리가 아팠다.

꼬리에 꼬리를 무는 수학 개념!

초과

이상, 이하, 초과, 미만

이상은 같거나 큰 수, 이하는 같거나 작은 수, 초과는 보다 큰 수, 미만은 보다 작은 수를 말해요.

이상, 이하, 초과, 미만

이상, 이하, 초과, 미만을 배워 볼까요?

• 이상인 수 : ●와 같거나 큰 수로 기준이 되는 수를 포함해요.

예) 5 이상인 자연수 : 5, 6, 7, 8, ……

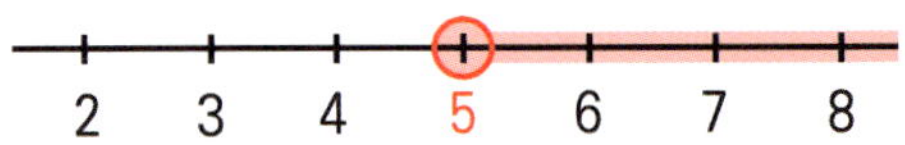

• 이하인 수 : ●와 같거나 작은 수로 기준이 되는 수를 포함해요.

예) 5 이하인 자연수 : 5, 4, 3, 2, ……

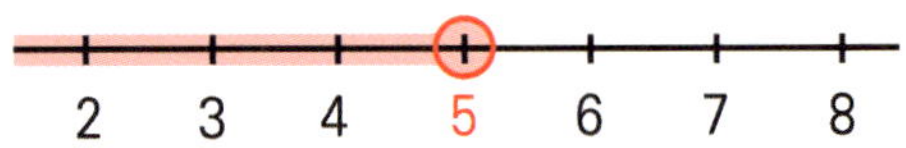

• 초과인 수 : ○보다 큰 수로 기준이 되는 수를 제외해요.

예) 5 초과인 자연수 : 6, 7, 8, 9, ……

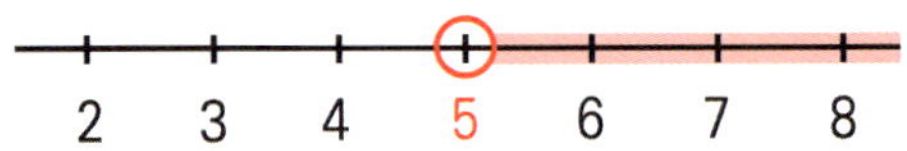

• 미만인 수 : ○보다 작은 수로 기준이 되는 수를 제외해요.

예) 5 미만인 자연수 : 4, 3, 2, ……

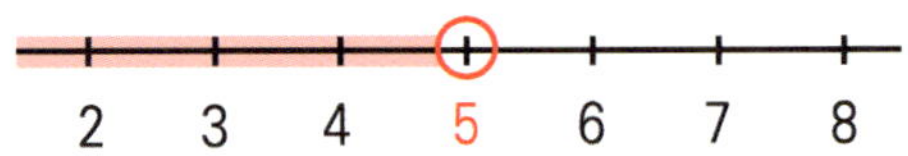

비슷한 말을 알아봐요.

과중(過中) 한도를 넘음.

[수학] 도형 넓이와 둘레 계산 문제 10개를 동시에 풀어야 해서 개념이 과중됐다.

[생활] 과중한 선행 학습과 사교육으로 아이들이 고통받고 있다는 인터뷰가 화제다.

이상(以上) 수량이나 정도가 일정한 기준보다 더 많거나 나음. 이미 그렇게 된 바에는.

[수학] 숫자 3 이상은 3, 4, 5, 6……이고, 3 초과는 4, 5, 6……이다.

[생활] 나는 피아노를 10년 이상 배웠지만 시작한 이상 더 해 볼 생각이다.

BONUS 학습도구어 더하기 - 속담, 관용어, 사자성어

속 꿩 먹고 알 먹는다[먹기]

한 가지 일을 했는데 그것을 초과해 이익을 더 많이 보게 됨.

관 눈(이) 높다

정도를 초과해 좋은 것만 찾는 버릇이 있음.

난이도 ★★☆☆☆

35 최대

남자아이는 고무줄놀이를 하면 안 된다는 생각처럼 사회에서 '차별'은 사람, 집단 등을 부당한 이유로 불평등하게 대하는 것을 말해요.

최대는 이럴 때 쓰는 말이에요.

우리 반은 이번 이웃 돕기 행사에서 색종이 묶음 36개와 지우개 60개를 최대로 많은 친구에게 똑같이 나눠 줘야 해요. 아이들은 어떻게 계산해야 할지 몰라 우왕좌왕하고 있답니다.

"수학 영웅 등장! 이때는 최대 공약수를 이용하면 돼. 36의 약수는 1, 2, 3, 4, 6, 9, 12, 18, 36이고, 60의 약수는 1, 2, 3, 4, 5, 6, 10, 12, 15, 20, 30, 60이야. 공통으로 가지고 있는 공약수는 1, 2, 3, 4, 6, 12이고 그중 가장 큰 수인 최대 공약수는 12잖아? 색종이와 지우개를 최대로 많은 아이에게 똑같이 나눠 주려면 최대 12명에게 나눠 줄 수 있다는 뜻이란다."

"그러면 12명에게 나눠 줄 수 있으니까 색종이는 36÷12=3, 지우개는 60÷12=5라서 한 아이에게 색종이는 3묶음, 지우개는 5개를 줄 수 있어요. 최대 공약수는 정말 유용하구나!"

그때 선생님의 핸드폰에서 신나는 노래가 흘러나왔어요.

"선생님! 이 노래는 이번 학예제에 우리 반이 부를 노래예요. 볼륨을 최대로 올려 주세요! 이번 학예제에는 우리 반 친구들 모두 실력을 최대로 발휘해서 반드시 우승할 거예요!"

이렇게 수학적 의미의 최대는 '숫자 중 가장 큰 것'을 말하고 생활적 의미의 최대는 '현상이나 소리, 느끼는 감정, 노력 등이 가장 크고 가장 많은 것, 가장 많이 끌어내는 것'을 말해요.

이런 뜻이에요.

최대의 최(最)는 '가장', '제일', '가장 뛰어난 것'을 뜻하고, 대(大)는 '크다', '높다', '많다'를 뜻해요. 두 글자를 합치면 '가장 크다', '제일 높다', '가장 많다'라는 의미가 만들어져요. 즉 수학에서 쓰이는 최대는 '수치로 나타낼 수 있고 측정이 가능한 수나 양이 가장 큰 것, 가장 많은 것, 가장 무거운 것'을 말해요.

또한 최(最)의 '가장', '제일', '가장 뛰어난 것'이라는 뜻과 대(大)의 '크다', '높다', '뛰어나다', '많다', '중요시하다'라는 뜻을 합치면 생활에서 사용하는 최대가 돼요. '수치로 나타내기 힘든 사람이나 동물의 행동, 소리, 감정의 변화 등이 가장 크고 높고 많거나 뚜렷하게 나타나는 것'을 말한답니다.

과목별

수치로 나타낼 수 있는 것 중 가장 큰 것.

예문

- 나눗셈을 이용해 두 수의 최대 공약수를 구할 때는 두 수를 공통으로 나눈 수들의 곱으로 구한다.
- 둘레가 일정할 때 넓이가 최대가 되는 도형은 '원'이다.

생활 속

수치로 나타내기 힘든 사람이나 동물의 행동, 소리, 감정의 변화 등이 가장 크고 높고 많거나 잘 나타남.

예문

- 멀리 있는 오빠를 부르려고 목소리를 최대한 크게 냈다.
- 최대한 열심히 공부해서 이번 시험은 반드시 잘 칠 것이다.

꼬리에 꼬리를 무는 수학 개념!

최대, 최소

최대 공약수

최대 공약수란 두 개 이상의 자연수의 공약수 중 가장 큰 수를 말해요. 최대 공약수의 약수는 앞선 둘의 공약수와 같아요.

최소 공배수

최소 공배수는 두 개 이상의 자연수의 공배수 중에서 가장 작은 수를 말해요. 공배수는 최소 공배수의 배수와 같아요.

최대 공약수

최대 공약수를 알아볼까요?

12의 약수 = 1, 2, 3, 4, 6, 12
18의 약수 = 1, 2, 3, 6, 9, 18

→ 공통된 약수는 1, 2, 3, 6이다.
→ 이 중 가장 큰 수인 6이 12와 18의 최대 공약수이다.

최소 공배수

최소 공배수를 알아볼까요?

2의 배수 = 2, 4, 6, 8, 10, 12, 14, 16, 18 ……
3의 배수 = 3, 6, 9, 12, 15, 18 ……

→ 2와 3의 공배수는 6, 12, 18 ……이다.
→ 두 수의 최소 공배수는 6이다.

비슷한 말을 알아봐요.

최고(最高) 정도나 수치가 가장 높음. 수준이나 가치가 가장 높거나 나음.

[수학] 이 자동차의 최고 속도는 180km이다.

[생활] 여름 과일은 뭐니 뭐니 해도 수박이 최고다.

최대한도(最大限度) 일정한 조건에서 정해진 가장 큰 정도.

[수학] '원'은 100㎠ 넓이의 사각형 종이에 최대한도로 크게 그려도 남는 부분이 생긴다.

[생활] 우리는 최대한도의 용기를 내어 놀이공원 유령의 집에 들어갔다.

BONUS

학습도구어 더하기 - 속담, 관용어, 사자성어

속 김 안 나는 숭늉이 더 뜨겁다

물이 한창 끓고 있을 때 김은 나지 않지만 최대로 뜨거운 것처럼 말만 떠벌리는 사람보다는 가만히 침묵을 지키고 있는 사람이 더 야무짐.

관 덜미(를) 치다

약점이나 최대 중요한 곳을 공격하거나 손해를 입힘.

사 천하제일(天下第一)

세상에서 가장 뛰어난 것, 혹은 최대의 상태를 나타냄.

난이도 ★★☆☆☆

36 통계

어떤 과목을 좋아하는지 숫자로 나타낸 것처럼 수학에서 '통계'는 어떤 현상을 조사해서 알아보기 쉽게 수치로 나타내는 일을 말해요.

통계는 이럴 때 쓰는 말이에요.

"얘들아, 우리 반 아이들은 무슨 과목을 제일 좋아하는지 통계를 한번 내 볼까?"

통계를 내 보니 수학을 가장 좋아하는 학생은 6명, 영어는 3명, 과학은 4명, 국어는 4명, 사회는 5명, 음악은 3명이라는 결과가 나왔어요.

"이 통계를 보기 쉽게 표로 나타내기도 해. 그림그래프나 막대그래프로 나타내지. 선생님은 막대그래프로 나타내 볼게."

"선생님, 통계 결과를 그래프로 보니까 무슨 과목을 제일 좋아하는지 한눈에 들어와요. 우리 반은 많은 친구가 수학 과목을 좋아하네요. 학생들은 통계적으로 수학 과목을 안 좋아한다고 하지만 우리 반은 선생님이 늘 재미있게 수업해 주시니까 수학을 제일 좋아하나 봐요."

정우의 말에 민수도 능청맞게 말했어요.

"제가 대충 통계 잡아 봐도 전교에서 우리 반이 수학을 제일 좋아하는 것 같아요! 히히."

이렇게 수학적 의미의 통계는 '어떤 현상을 종합해서 알아보기 쉽게 숫자로 나타내는 것'을 말하고, 생활적 의미의 통계는 '숫자로 나타내는 자료를 바탕으로 어림잡아서 계산해 보는 것'을 말해요.

이런 뜻이에요.

통계의 통(統)은 '합치다', '묶다', '다스리다'의 뜻이 있고, 계(計)는 '수를 세다', '계산하다'의 뜻이 있어요. 두 글자를 합치면 '계산한 것을 하나로 합치고 묶는다'는 뜻이 만들어져요. 그래서 수학에서 쓰이는 통계는 '어떤 현상에 대해 수집된 자료를 종합하고 정리해서 그 내용을 한눈에 알아보기 쉽게 일정한 기준에 따라 숫자로 나타내는 것'을 말해요.

또한 통(統)의 '묶다', '다스리다'라는 뜻과 계(計)의 '계산하다', '헤아리다', '조사하다'라는 뜻을 합치면 '하나로 묶어서 계산하다'라는 의미가 만들어지지요? 즉 생활에서 쓰이는 통계는 '하나로 몰아서 어림잡아 계산하는 것'을 말해요. '통계적'이라는 단어로 많이 쓰이며 이것은 '수집한 자료나 본보기에서 얻은 수치 정보를 바탕으로 한다'라는 뜻이 된답니다.

과목별

수집된 자료를 수치로 정리해 나타냄.

예문

- 좋아하는 과목을 조사한 통계를 반 친구들과 공유했다.
- 반 친구들의 키를 조사해 평균을 내는 것은 통계이다.

생활 속

수치 정보를 근거 자료로 어림잡아 계산함.

예문

- 이 영상은 대충 통계 잡아도 1억 명 이상은 봤다.
- 이 설문 조사는 통계적으로 입증된 것이었다.

꼬리에 꼬리를 무는 수학 개념!

통계

통계적 해석

통계적 해석이란 오직 자료만을 가지고 통계적 방법을 이용해 사건을 분석하는 것을 말해요. 초등 수학에서는 이를 자료의 해석이라고 한답니다. 표나 그래프에 나타난 내용을 살펴보고 그 의미를 읽어 내거나 설명하는 거예요.

자료의 해석

자료를 보면 여러 가지 정보를 얻을 수 있어요. 빈칸에 알맞은 말을 써 보세요.

꽃	민들레	개나리	코스모스	장미
학생 수(명)	7	12	5	10

▲ 좋아하는 꽃별 학생 수

① 민들레를 좋아하는 학생은 ____ 명이에요.

② 장미를 좋아하는 학생은 코스모스를 좋아하는 학생보다 ____ 명 더 많아요.

③ 아이들이 가장 선호하지 않는 꽃은 ____ 예요.

④ 조사한 학생의 수는 총 ____ 명이에요.

⑤ 아이들에게 선물을 준다면 ____ 를 선물해 주는 것이 가장 반응이 좋을 거예요.

Tip! 표에는 적혀 있지 않아도 모두 추측할 수 있어요. 문제와 자료를 읽고 잘 해석해 보세요.

정답 ① 7 ② 5 ③ 코스모스 ④ 34 ⑤ 개나리

비슷한 말을 알아봐요.

계산(計算) 수를 헤아림. 주어진 수나 식을 일정한 규칙에 따라 처리해 수치를 구함. 어떤 일을 예상하거나 헤아려 봄.

[수학] 사과 100개를 5개 상자로 나눠 계산해 보면 한 상자에 20개씩 들어 있다.

[생활] 차로 이동하는 시간을 계산해 꼼꼼히 여행 계획을 짰다.

체계(體系) 일정한 원리에 따라서 낱낱의 부분이 짜임새 있게 조직돼 결합한 전체.

[수학] 수의 체계에서 실수는 유리수와 무리수로 나뉜다.

[생활] 이 난방 체계는 연료비가 적게 들어 매우 실용적이다.

BONUS 학습도구어 더하기 - 속담, 관용어, 사자성어

속 들을 이 짐작

옆에서 아무리 좋은 말을 늘어놓아도 듣는 사람은 자기 나름대로 알아서 통계 내어 판단함.

속 짐작(이) 팔십 리

대충 통계 잡아 본 후 눈치로 어림잡아 헤아림.

사 이해득실(利害得失)

이익과 해를 따지며 얻고 잃음을 통계적으로 계산함.

난이도 ★★☆☆☆

37 평균

용돈을 모두 더해 아이들의 수만큼 나눠 나온 수처럼 수학에서 '평균'은 모든 숫자를 합친 후 해당 수로 나눈 것을 말해요.

평균은 이럴 때 쓰는 말이에요.

"난 일주일 용돈으로 5,000원 받아."

"난 10,000원."

"우리 둘은 똑같이 6,000원 받는구나?"

아이들이 각자 일주일 용돈을 얼마나 받는지 이야기 중이에요. 옥 선생님은 궁금해졌어요.

"얘들아, 너희 일주일 용돈의 평균이 궁금하지 않니? 선생님과 같이 계산해 보자! 우선 너희들이 받은 용돈을 모두 더하렴. 5000+5000+6000+6000+10000+10000을 하면 42,000원이 나오지? 그것을 모둠 인원수인 6으로 나누는 거야. 계산해 보면 42000÷6=7000이니까 너희 모둠의 일주일 평균 용돈은 7,000원인 거지."

"선생님, 보통은 용돈을 많이 받는 것을 좋아하지만 제 생각에는 알맞은 액수를 받아서 필요한 곳에 잘 사용하고 남은 돈은 저축하는 습관을 들이는 게 중요한 것 같아요. 이야기를 나눠 보니 우리 모둠은 평균적으로 용돈을 알뜰하게 잘 사용하고 있더라고요!"

"역시, 우리 반 아이들은 평균 이상으로 생각이 깊단 말이야. 우리 반 최고!"

이렇게 수학적 의미의 평균은 '여러 숫자의 중간값'을 말하고, 생활적 의미의 평균은 '수량이나 정도, 상황, 시기 등이 중간이 되는 것'을 말해요.

이런 뜻이에요.

평균의 평(平)은 '평평하다', '고르다'를 뜻하고, 균(均)은 '고르다', '가지런히 하다'를 뜻해요. 두 글자를 합치면 '평평하고 고르게 해서 가지런하게 만든다'라는 의미가 만들어져요. 그래서 수학에서 쓰이는 평균은 '자료의 값을 모두 더해 자료의 수로 나눈 값'을 말한답니다. 즉 여러 개의 숫자에서 이 숫자들을 모두 합친 후 그 숫자들의 총 개수로 나누는 거예요. 그러면 어느 한 수가 크지도 않고 작지도 않은 고른 수가 나오게 돼요. 여기서 나온 수를 자료를 대표하는 값 또는 중간값으로 정할 수 있답니다.

또한 평(平)의 '평평하다', '가지런하게 되다'라는 뜻과 균(均)의 '고르다', '가지런히 하다'라는 뜻을 합치면 '가지런하고 고르다'라는 의미가 만들어지지요? 즉 생활에서 쓰이는 평균은 '여러 사물의 질이나 양을 하나로 고르게 하거나 만드는 것'을 말해요. 특히 생활에서는 '평균적'이라는 표현을 많이 사용하는데 이는 '수량이나 정도, 상황, 시기 등이 중간이 되는 것'을 뜻한답니다.

과목별

자료를 대표하거나 중간을 갖는 값.

예문
- 우리 반 학생들의 평균 키는 130cm이다.
- 내가 설날에 받는 세뱃돈은 평균 30,000원 정도 된다.

생활 속

수량이나 정도, 상황, 시기 등이 중간이 됨.

예문
- 요즘 청소년은 예전보다 평균적으로 키가 크다.
- 우리나라는 평균적으로 6월 말부터 장마가 시작된다.

꼬리에 꼬리를 무는 수학 개념!

평균

가능성

가능성이란 어떤 일이 일어날 수 있는 성질이나 정도를 뜻해요. 초등 수학에서는 '불가능하다', '~아닐 것 같다', '반반이다', '~일 것 같다', '확실하다'와 같은 표현을 사용해 가능성을 나타내고 확률이 0, $\frac{1}{2}$, 1인 아주 단순한 사건들을 다루고 있답니다.

가능성

바구니에서 공 하나를 꺼낼 때, 공이 초록색일 가능성을 나타낸 말을 찾아 이어 볼까요?

①  • • 확실하다

②  • • ~일 것 같다

③  • • 반반이다

④  • • ~아닐 것 같다

⑤  • • 불가능하다

정답 ①-확실하다, ②-반반이다, ③-불가능하다, ④-~일 것 같다, ⑤-~아닐 것 같다

비슷한 말을 알아봐요.

기준점(基準點) 계산하거나 측정할 때 기준이 되는 점.
어떤 것을 할 때 기준이 되는 생각이나 사실.

[수학] 숫자는 0을 기준점으로 음수와 양수로 나뉜다.

[생활] 선생님께서 미술은 창의성에 기준점을 두고 점수를 매긴다고 하셨다.

표준(標準) 가장 일반적이거나 평균적인 것.
사물의 정도나 성격을 알기 위한 근거나 기준.

[수학] 내 몸무게는 내 또래의 표준 몸무게보다 3킬로그램 정도 적게 나간다.

[생활] 선생님은 내 짝이 만든 모형 비행기를 표준으로 삼아 만들어 보라고 하셨다.

BONUS 학습도구어 더하기 - 속담, 관용어, 사자성어

속 위 조금 아래 골고루

대접을 하는 경우에는 윗사람과 아랫사람을 차별하지 않고 평균을 따져 해야 함.

속 콩도 닷 말 팥도 닷 말

어떤 것을 나눠 줄 때 평균적으로 골고루 잘 나눠 줘야 함.

관 그루(를) 갖추다

벼나 보리의 이삭이 평균적으로 고르게 자라 가지런함.

난이도 ★★★☆☆

38 평행

고무줄을 평행하게 건 것처럼 수학에서 '평행'은 나란히 놓여 만나지 않는 두 선을 말해요.

평행은 이럴 때 쓰는 말이에요.

"고무줄놀이는 이렇게 양쪽 사람이 무릎에 고무줄을 평행하게 걸고 다른 한 사람이 그 고무줄을 퐁당퐁당 뛰어다니는 놀이야."

옥 선생님은 고무줄놀이하는 아이들을 흐뭇하게 바라보며 말했어요.

"선생님도 어렸을 때 운동장에서 아이들이 고무줄놀이하던 게 생각나는구나. 괜히 짓궂은 장난도 치고 그랬지. 그러고 보니 평행하게 놓인 고무줄은 수학에서 말하는 평행과 좀 달라서 재밌는걸. 만약 이 고무줄이 수학에서 말하는 평행이라면 우주 끝까지 가고도 남았을 텐데 말이야. 하하하!"

뭐가 다른지 궁금했던 아이들은 옥 선생님과 함께 서둘러 교실로 들어왔어요.

"서로 만나지 않는 두 직선의 관계를 평행하다고 해. 그리고 평행한 두 직선을 평행선이라고 하지. 이 두 선은 가로지르는 한 직선에 90도 수직이야. 평행한 직선은 양쪽으로 아무리 길게 늘여도 서로 만나지 않지만 평행하지 않은 직선, 즉 수직이 아닌 두 선은 양쪽으로 늘여 나가면 어느 한쪽에서 반드시 만나게 된단다."

이렇게 수학적 의미의 평행은 '두 선이 같은 각을 가지고 나란히 놓여 만나지 않는 것'을 말하고, 생활적 의미의 평행은 '나란히 놓인 것'을 말해요.

이런 뜻이에요.

평행의 평(平)은 '평평하다', '가지런하게 되다'를 뜻하고, 행(行)은 '가다'를 뜻해요. 두 글자를 합치면 '평평하고 가지런하게 가다'라는 의미가 만들어져요. 생각해 보면 평평하고 나란한 두 선이 계속 이어져 간다면 만나는 부분이 없을 거예요. 그래서 수학에서 쓰이는 평행은 '두 개의 직선이나 두 개의 평면 또는 직선과 평면이 나란히 있어서 아무리 길게 이어도 서로 만나지 않는 것'을 말한답니다. '무한으로 이어졌다'라는 것은 수학에서 실제로 사용되기 어렵기 때문에 '같은 각도로 두 가지 이상의 선이나 면이 나란하게 놓여 있는 것'도 평행하다고 해요.

또한 평(平)의 '고르게 하다', '가지런하게 되다'라는 뜻과 행(行)의 '가다', '어떤 일을 하다'라는 뜻을 합치면 '고르고 가지런하게 가다'라는 의미가 만들어지지요? 그래서 생활에서 평행은 '나란히 가는 것', '두 가지 이상이 서로 나란히 가는 것', '나란히 놓여 있는 것'을 뜻한답니다.

과목별

두 가지 이상의 선이나 면이 같은 각도로 나란함.

예문

- '구'는 축에 평행하게 어디를 잘라도 똑같은 모양이 나온다.
- 각기둥을 평면에서 수직인 방향으로 평행 이동하면 직각기둥이 나온다.

생활 속

나란히 감. 나란히 놓임.

예문

- 우리가 탄 차는 철로와 평행인 도로를 따라 달렸다.
- 필리핀 전통 춤 '티니클링(Tinikling)'은 두 개의 대나무를 평행으로 놓고 춘다.

꼬리에 꼬리를 무는 수학 개념!

평행

평행 사변형

평행 사변형이란 서로 마주 대하는 두 쌍의 변이 각각 평행인 사각형을 말해요. 평행 사변형은 두 쌍의 마주 보는 변의 길이가 같고 두 쌍의 마주 보는 각의 크기가 같다는 특징이 있으며 이웃하는 두 각의 크기를 더하면 항상 180도가 된답니다. 평행 사변형의 두 대각선은 서로를 정확히 이등분해요.

평행 사변형

평행 사변형인 도형을 더 알아볼까요?

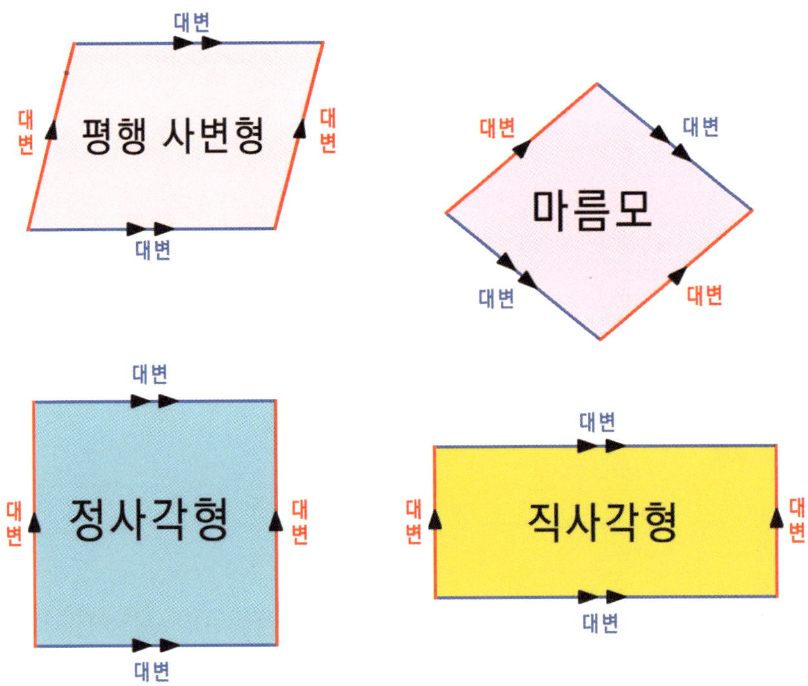

비슷한 말을 알아봐요.

대칭(對稱) 점, 선, 면 또는 그것들의 모임이 한 점, 직선, 평면을 사이에 두고 같은 거리에 마주 놓여 있는 일. 사물들이 서로 같은 모습으로 마주 보며 짝을 이룸.

[수학] 선대칭 도형은 대칭선에 따라 도형이 겹치도록 접을 수 있는 도형이다.

[생활] 우리 집은 거실을 중심으로 방 두 개가 대칭으로 있다.

무한(無限) 집합의 원소나 수, 양, 공간이 시간의 제한, 한계가 없음.

[수학] 자연수, 정수, 유리수의 집합은 무한이다.

[생활] 무한으로 펼쳐진 푸른 하늘을 바라봤다.

BONUS 학습도구어 더하기 - 속담, 관용어, 사자성어

속 줄 맞은 병정이라

평행하게 줄을 맞춰 걸으며 지휘자의 명령에 따라 움직이는 병정이라는 뜻으로, 조금도 어긋남이 없이 하라는 대로 고분고분 움직임.

관 어깨를 나란히 하다

평행이 되게 나란히 서서 걸음. 서로 비슷한 힘을 가짐.

난이도 ★★★★☆

39 확률

눈 올 가능성이 30%인 것처럼
수학에서 '확률'은 일이 일어날
가능성을 숫자로 나타내는 것을 말해요.

확률은 이럴 때 쓰는 말이에요.

"와! 선생님, 일기 예보에서 오늘 눈 올 확률이 30%라고 해서 실망했는데 눈이 펑펑 와요!"

옥 선생님과 아이들은 들뜬 마음으로 운동장으로 달려 나갔어요.

"얘들아, 조심해! 눈이 오니까 평소보다 넘어질 확률도 크단다. 바닥이 얼어서 미끄럽거든."

"선생님, 그런데 왜 서준이가 30% 확률이라 실망했다고 한 거예요?"

"확률은 어떤 일이 일어날 가능성의 정도를 말해. 확률의 숫자가 클수록 가능성이 높은 거라 그 일이 자주 혹은 반드시 일어나지. 확률의 숫자가 작으면 가능성이 낮은 거라 그 일이 적게, 드문드문 일어난다고 생각하면 돼. 물론 실제로 정확히 확률대로 일어나는 것은 아니지만 서준이는 확률이 30%라고 했으니 눈이 안 올 가능성이 크다고 생각한 거겠지? 그런데 너희들 자꾸 운동장에 나가서 놀려고만 하면 어떡하니. 공부는 언제 할 거야!"

그러자 연우가 억울하다는 듯 말했어요.

"선생님, 뛰어놀면서 체력을 키워야 힘이 나는 거예요! 그래야 공부도 열심히 할 확률이 크죠!"

이렇게 수학적 의미의 확률은 '어떤 일이 발생할 가능성을 숫자로 표시한 것'을 말하고, 생활적 의미의 확률은 '확실하지는 않지만 어떤 일이 일어날 가능성이 높은 것'을 말해요.

이런 뜻이에요.

확률의 확(確)은 '확실하다', '틀림없다'를 뜻하고, 률(率)은 '비율', '일정하거나 한정된 정도', '셈하다'를 뜻해요. 두 글자를 합치면 '일정한 정도', '셈한 것', '비율이 확실하다'라는 의미가 만들어져요. 그래서 수학에서 쓰이는 확률은 '모든 경우의 수에 대해 특정 사건이 발생할 가능성을 숫자로 나타내는 것'을 말한답니다. 수학에서 확률은 우리에게 익숙한 백분율(%)로 나타내기도 하고 대부분 소수나 분수로 많이 표시해요.

또한 확(確)의 '확실하다', '틀림없다'라는 뜻과 률(率)의 '비율', '일정한 정도'라는 뜻을 합치면 '일정한 정도가 틀림없다'라는 의미가 만들어지지요? 즉 생활에서 쓰이는 확률은 '어떤 조건 아래 특정한 일이 일어날 가능성'을 말해요. 이때 확률은 '완전히 확실하지는 않지만 조건이 주어지면 아마 일어날 것'이라는 뜻을 담고 있답니다.

과목별

일어날 것이라 예상되는 비율을 숫자로 나타낸 것.

예문
- 체험 학습 가는 날 비가 올 확률이 70%나 된다.
- 우리 반은 댄스 동아리 설립에 80% 확률로 찬성했다.

생활 속

어떤 일이 일어날 가능성이 있음.

예문
- 상대 팀이 지쳐 있어서 우리 팀이 이길 확률이 높다.
- 어떤 일이든 준비를 철저히 하면 실패할 확률이 낮다.

꼬리에 꼬리를 무는 수학 개념!

확률

경우의 수

경우의 수란 어떤 일이 일어날 수 있는 경우의 가짓수를 말해요. 경우의 수는 확률과 깊은 관련이 있어요. 모든 경우의 수에 대한 '어떤 사건이 일어날 경우의 수의 비율'을 확률이라고 하거든요. 경우의 수를 정확히 세면 확률을 쉽게 계산할 수 있어요.

경우의 수

경우의 수와 확률의 관계에 대해 알아볼까요?

경우의 수를 아는 것은 매일 아침 입을 옷을 고르는 것과 비슷해요. 예를 들어 윗옷 2벌, 아래옷 2벌, 양말 2켤레가 있다면 각 옷에서 하나씩 선택하는 조합의 수는 2×2×2=8가지가 돼요. 옷 조합의 수를 구한 것처럼 경우의 수들을 곱하면 전체의 경우의 수를 알 수 있답니다.

비슷한 말을 알아봐요.

가능성(可能性) 수학에서 어떤 상황에서 특정한 일이 일어나길 기대할 수 있는 정도. 앞으로 실현될 수 있는 성질이나 정도.

[수학] 계산기에 1+4를 누르면 5가 나올 가능성은 매우 확실하다.

[생활] 저 선수라면 올림픽에서 금메달을 딸 가능성이 높다.

백분율(百分率) 전체 수량을 100으로 해 그것에 대해 가지는 비율.

[수학] 우리 모둠은 총 10명인데 5명이 왔으니 총인원에 대한 참석한 친구들의 백분율은 50%이다.

[생활] 부모님께서 나를 얼마큼 사랑하시는지는 백분율로 표시할 수 없다.

BONUS 학습도구어 더하기 - 속담, 관용어, 사자성어

속 바늘구멍으로 코끼리를 몰라 한다

작은 바늘구멍으로 엄청나게 큰 코끼리를 몰라고 한다는 뜻으로, 될 확률이 전혀 없는 일을 하라고 강요함.

관 말도 안 되다

실현될 확률이 전혀 없거나 이치에 맞지 않음.

관 할 말을 잃다

일어날 확률이 없는, 말도 안 되고 어처구니없는 일을 당해 기가 막힘.

난이도 ★★★★☆

40 회전

다이빙 선수의 공중회전처럼
수학에서 '회전'은 고정축을 중심으로
돌리는 것을 말해요.

회전은 이럴 때 쓰는 말이에요.

"어제 올림픽에서 다이빙 경기 봤어? 공중에서 3회전을 도는 게 너무 신기했어."

"선생님도 어제 봤단다. 그런데 회전할 때 옆모습이 공처럼 동그랗게 보였지? 이것처럼 수학에서도 회전체란 게 있어. 회전체는 '평면 도형이 같은 평면 도형 안에 있는 직선을 축으로 돌 때 생기는 입체'를 말해. 다이빙 선수의 회전하는 옆모습이 회전체 모양인 것처럼 말이야. 선생님이 재미있는 비밀 하나 알려 줄까?"

아이들은 귀를 쫑긋 세웠어요.

"회전체의 종류에는 구, 원기둥, 원뿔 등이 있거든? 이것들을 회전축에 수직인 평면으로 자른 단면은 모두 원이 나온다는 거야!"

"와! 그러면 옆으로 자르지 않고 회전축 방향으로 세로로 자르면 어떻게 되나요?"

"바로바로…… 그건 모두 다르단다! '구'만 어느 방향으로 잘라도 항상 원이 나오고 원기둥은 회전축을 포함한 면으로 자르면 직사각형이 나오며 원뿔은 삼각형이 나와. 사실 회전체는 평면 도형을 회전해서 생기는 거니까 그 평면 도형의 모양이 그대로 나온다고 생각하면 돼."

이렇게 수학적 의미의 회전은 '도형이 회전축을 중심으로 한 바퀴 도는 것'을 말하고, 생활적 의미의 회전은 '방향이나 위치를 움직이거나 빙빙 도는 것'을 말해요.

이런 뜻이에요.

회전의 회(回)는 '돌다'를 뜻하고, 전(轉)은 '구르다', '빙빙 돌다'를 뜻해요. 두 글자 모두 '돈다', '빙빙 돈다'라는 의미가 있지요? 그래서 수학에서 쓰이는 회전은 '도형이 도는 것'을 말해요. 즉 '평면 또는 공간에 있는 도형이 한 점이나 고정축을 중심으로 일정한 거리나 각도를 이동하거나 계속해서 돌아가는 것'을 뜻한답니다. '일정한 거리나 각도를 이동한다'라는 것은 45도나 90도처럼 한 바퀴가 아닌 일부 각도만큼 도는 것을 가리켜요. 이때 평면 도형은 새로운 입체 도형의 형태를 갖추게 된답니다. 반대로 '계속해서 돈다'라는 것은 한 바퀴 전체를 도는 것을 의미해요. 이 경우에는 또 다른 입체 도형인 '회전체'가 만들어져요.

또한 회(回)와 전(轉)을 합쳐서 만들어진 '빙빙 돌다'라는 뜻이 생활에서 쓰일 때는 '어떤 것을 축으로 삼아 물체 자체가 빙빙 돌거나 그 둘레를 빙빙 도는 것'을 말해요. 생활에서 회전은 '한 바퀴를 모두 돈다'라는 뜻도 있지만 '방향을 바꿔 움직인다'라는 뜻도 있어요. 예를 들어 "동생은 골목 끝에서 왼쪽으로 회전한 후 걸어갔다"라는 문장은 왼쪽으로 방향을 바꿔 걸어갔다는 의미예요.

과목별

평면의 도형이 고정축을 중심으로 돎.

예문

- 직사각형을 회전시키면 원기둥이 만들어진다.
- 삼각형의 회전체는 원뿔이다.

생활 속

사물이 빙빙 돎. 방향을 바꿈.

예문

- 헬리콥터의 프로펠러가 회전하면서 거센 바람을 일으켰다.
- 우리가 탄 버스는 사거리를 지나 오른쪽으로 회전했다.

꼬리에 꼬리를 무는 수학 개념!

회전

회전체와 회전축

회전체란 한 직선을 축으로 해 평면 도형을 1회전 시켜 얻은 입체 도형을 말해요. 여기서 회전체를 만드는 데 축으로 사용한 직선을 회전축이라고 한답니다. 회전축의 위치와 도형의 모양에 따라 만들어지는 입체의 모습은 달라져요.

회전체와 회전축

회전축의 위치에 따라 회전체의 모양이 어떻게 변하는지 알아볼까요?

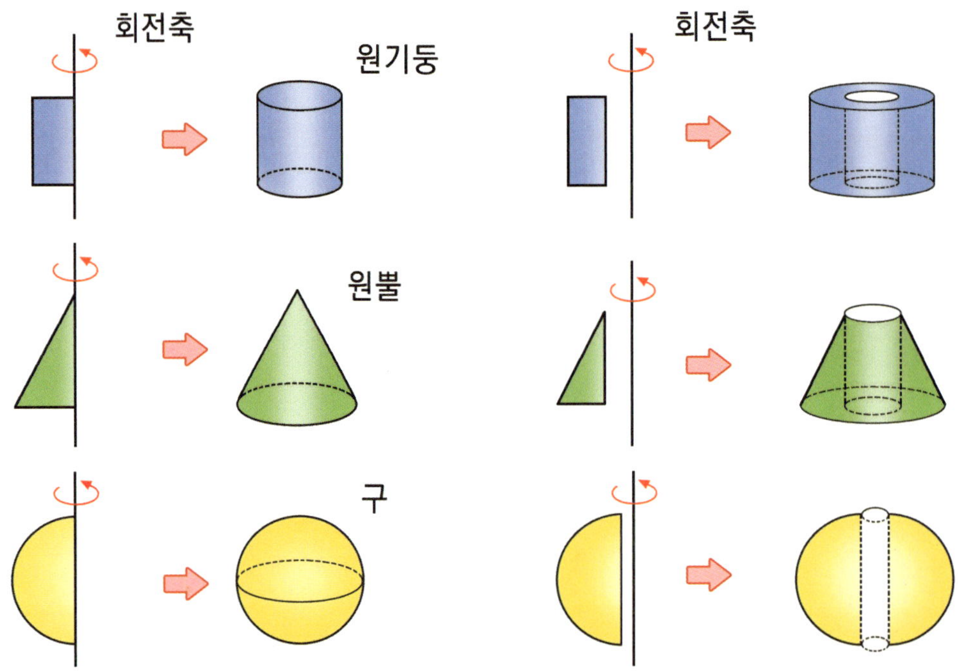

비슷한 말을 알아봐요.

돌리기(돌리다) 도형을 특정한 점을 중심으로 회전시킴.
물체를 원을 그리면서 움직이게 함.

[수학] 도형을 시계 방향으로 돌리기를 하면 위쪽 부분이 오른쪽, 아래쪽, 왼쪽, 위쪽 순서로 움직인다.

[생활] 사촌 형은 팽이 돌리기를 무척 잘한다.

이동(移動) 움직여 옮김.

[수학] 원과 사각형은 어떤 방향으로 이동시켜도 같은 모양이다.

[생활] 우리 반은 다음 수업을 위해 음악실로 이동했다.

BONUS 학습도구어 더하기 - 속담, 관용어, 사자성어

속 솔개 어물전 돌듯

생선을 먹고 싶은 솔개가 생선 가게 위를 회전하며 맴돈다는 뜻으로, 어떤 일이 재미있어서 그 자리를 떠나지 못하고 빙빙 돎.

관 곡수(를) 놓다

굽이굽이 회전하며 흐르는 물을 수놓음.

옥효진 선생님의
수학이 쉬워지는 학습도구어

글 옥효진
그림 이상일

1판 1쇄 인쇄 2025년 11월 28일
1판 1쇄 발행 2025년 12월 17일

펴낸이 김영곤
TF팀 김종민 양선희
기획 및 편집 북케어(전하연) **디자인** 표지 design S 본문 정유정
마케팅 정성은 김지선
영업팀 정지은 한충희 남정한 장철용 강경남 황성진 김도연 이민재
제작팀 이영민 권경민

펴낸곳 ㈜북이십일 아울북
출판등록 2000년 5월 6일 제406-2003-061호
주소 (우 10881) 경기도 파주시 회동길 201(문발동)
연락처 031-955-2100(대표) 031-955-2421(팩스)
홈페이지 www.book21.com

ISBN 979-11-7357-672-0 74700
ISBN 979-11-7357-668-3 74700 (세트)